Hobbit Presse
Klett-Cotta

PETER S. BEAGLE

Der Weg nach Hause

Aus dem Amerikanischen
von Cornelia Holfelder-von der Tann

KLETT-COTTA

MIX
Papier | Fördert gute Waldnutzung
FSC® C083411

Hobbit Presse
www.hobbitpresse.de
Die Originalausgabe erschien unter dem Titel »The Way Home«
im Verlag Ace Books, New York

Gesetzt von Dörlemann Satz, Lemförde
Gedruckt und gebunden von CPI – Clausen & Bosse, Leck
ISBN 978-3-608-98717-1
E-Book ISBN 978-3-608-12022-6

Inhalt

Zwei Herzen

Mein Bruder Wilfrid findet es einfach ungerecht, dass das alles mir passiert ist. Wo ich doch ein Mädchen bin und noch ein Wickelkind und zu dumm, allein meine Sandalen zu schnüren. Aber ich finde es gerecht. Ich finde, es war alles genau richtig so. Bis auf das Traurige, und vielleicht sogar das.

Ich bin Sooz, und ich bin neun. Zehn im nächsten Monat, wenn sich wieder der Tag jährt, an dem der Greif kam. Wilfrid sagt, das war wegen mir, weil der Greif gehört hatte, dass gerade das hässlichste Kind der Welt geboren worden war, und mich fressen wollte, aber ich war zu hässlich, selbst für einen Greif. Also baute der Greif sich ein Nest im Midwood (so nennen wir den Wald, obwohl er eigentlich Midnight Wood heißt, weil es unter den Bäumen so finster ist) und blieb hier, um unsere Schafe und Ziegen zu fressen. Wie es Greife eben tun, wenn es ihnen irgendwo gefällt.

Aber Kinder fraß er nie, bis dieses Jahr.

Ich habe ihn nur einmal gesehen – ich meine, nur einmal *vorher* –, als er eines Abends über den Bäumen emporstieg wie ein zweiter Mond. Nur dass da kein Mond war an dem Abend. Da war gar nichts auf der ganzen weiten Welt, nur der Greif: die goldenen Federn am Löwenleib und an den Adlerschwingen lodernd, die mächtigen Vorderkrallen wie Zähne und der Monsterschnabel so riesig im Verhältnis zu seinem Kopf … Wilfrid sagt, ich hätte drei Tage lang geschrien, aber das ist gelogen, und ich habe mich auch nicht im Erdkeller versteckt, wie er behauptet, ich habe die beiden Nächte in der Scheune geschlafen, bei unserem Hund Malka. Weil ich wusste, Malka lässt nicht zu, dass mich irgendwas holt.

Sicher, meine Eltern hätten es auch nicht zugelassen, nicht, wenn sie's hätten verhindern können. Aber Malka ist einfach der größte und beherzteste Hund im ganzen Dorf und fürchtet sich vor gar nichts. Und nachdem der Greif Jehane geholt hatte, die kleine Tochter vom Schmied, konnte man gar nicht *nicht* merken, wie erschrocken mein Vater war, weil er die ganze Zeit herumrannte, zu den anderen Männern, um eine Art Wache zu organisieren, damit die Leute immer Bescheid wussten, wenn der Greif kam. Ich weiß, er hatte Angst um mich und meine Mutter und tat alles, um uns zu beschützen, nur dass ich mich davon nicht sicherer fühlte, aber bei Malka wohl.

Aber es wusste ja sowieso keiner, was tun. Mein Vater nicht und auch sonst niemand. Es war ja schon schlimm genug, wenn der Greif Schafe holte, weil hier fast jeder davon lebt, dass er Wolle oder Käse oder Schaffelle verkauft. Aber dass er dann im letzten Vorfrühling Jehane holte, das änderte alles. Wir schickten Boten zum König – drei verschiedene –, und jedes Mal schickte der König jemanden mit ihnen zurück. Das erste Mal war es nur ein Ritter, einer allein. Er hieß Douros und schenkte mir einen Apfel. Er ritt singend los, in den Midwood, um Ausschau nach dem Greif zu halten, und wir haben ihn nie wiedergesehen.

Das zweite Mal – als der Greif Louli geholt hatte, den kleinen Gehilfen vom Müller – schickte der König gleich fünf Ritter. Einer von ihnen kam zwar wieder, aber er starb, bevor er irgendjemandem erzählen konnte, was passiert war.

Das dritte Mal kam eine ganze Schwadron. Das sagte jedenfalls mein Vater. Ich weiß nicht, wie viele Soldaten eine Schwadron hat, aber es waren viele, und sie waren zwei Tage im ganzen Dorf, bauten überall ihre Zelte auf, stellten ihre Pferde in jeden Stall und prahlten in der Schänke, wie sie diesen Greif für uns arme Bauern im Handumdrehen erledigen würden. Sie hatten Pfeifer und Trommler dabei, als sie in den Midwood marschierten – das weiß ich noch, und ich weiß auch noch, wie die Musik abbrach und was für Geräusche wir dann hörten.

Danach schickte das Dorf niemanden mehr zum König. Wir wollten nicht, dass noch mehr von seinen Männern starben, und außerdem waren sie uns sowieso keine Hilfe. Also wurden von da an alle Kinder schnell in die Häuser geholt, wenn die Sonne unterging und der Greif von seinem Tagesschlaf erwachte, um wieder zu jagen. Wir durften nicht mehr zusammen spielen, keine Botengänge für unsere Eltern machen, keine Herden hüten, ja nicht mal in der Nähe von offenen Fenstern schlafen, aus lauter Angst vor dem Greif. Mir blieb nichts anderes zu tun, als Bücher zu lesen, die ich schon auswendig konnte, und mich bei meinen Eltern zu beklagen, die von dem ganzen Aufpassen auf Wilfrid und mich zu müde waren, um sich mit uns zu beschäftigen. Sie passten ja auch noch auf die anderen Kinder auf, immer abwechselnd mit anderen Familien, *und* auf unsere Schafe *und* auf unsere Ziegen, deshalb waren sie immer müde, noch zu der Angst, und die meiste Zeit grollte jeder jedem. So ging es allen.

Und dann holte der Greif Felicitas.

Felicitas konnte nicht reden, aber sie war meine beste Freundin, schon seit wir klein waren. Ich verstand immer, was sie sagen wollte, und sie verstand mich besser als irgendjemand sonst, und wir spielten auf eine besondere Art, wie ich nie wieder mit jemandem spielen werde. Ihre Familie hielt sie für einen unnützen Esser, weil kein Bursche ein stummes Mädchen heiraten würde, also ließen sie sie meistens bei uns essen. Wilfrid machte sich immer über das leise Krächzen lustig, das der einzige Laut war, den sie hervorbrachte, aber ich warf einen Stein nach ihm, und da ließ er's dann bleiben.

Ich habe es nicht gesehen, aber im Kopf sehe ich es immer noch. Sie *wusste*, dass sie nicht rausdurfte, aber sie freute sich immer so drauf, abends zu uns zu kommen. Und bei ihr zu Hause wäre ja keinem aufgefallen, dass sie nicht da war. Die bemerkten Felicitas sowieso nie.

Am selben Tag, an dem ich erfuhr, dass Felicitas geholt worden war, machte *ich* mich zum König auf.

Na ja, eigentlich war es in derselben *Nacht*, weil ich bei Tag nie von unserem Haus oder vom Dorf weggekommen wäre. Ich weiß nicht, was ich gemacht hätte, wenn nicht mein Onkel Ambrose eine Fuhre Schaffelle zum Markt in Hagsgate hätte bringen wollen – und um dort zu sein, wenn der Markt anfängt, muss man schon lange vor Sonnenaufgang los. Onkel Ambrose ist mein Lieblingsonkel, aber ich wusste, ich konnte ihn nicht bitten, mich zum König zu bringen, er wäre schnurstracks zu meiner Mutter gegangen und hätte ihr gesagt, sie solle mir Schwefel und

Melasse geben und mich mit einem Senfpflaster ins Bett stecken. Er gibt sogar seinem Pferd Schwefel und Melasse.

Also ging ich an dem Abend früh ins Bett und wartete, bis alle schliefen. Ich wollte einen Brief auf meinem Kopfkissen hinterlassen, aber ich schrieb immer wieder etwas hin und zerriss es dann und warf es ins Feuer, und ich hatte Angst, dass jemand aufwachte oder dass Onkel Ambrose ohne mich losfuhr. Schließlich schrieb ich einfach nur: *Bin bald wieder da.* Ich nahm keine Kleider mit und auch sonst nichts außer einem Stückchen Käse, weil ich dachte, der König müsse ja wohl irgendwo in der Nähe von Hagsgate wohnen, der einzig größeren Stadt, die ich je gesehen habe. Meine Eltern schnarchten in ihrem Zimmer, aber Wilfrid war schon an der Feuerstelle eingeschlafen, und wenn er das tut, lassen sie ihn immer dort liegen. Wenn man ihn weckt, damit er in sein Bett geht, schlägt er um sich und heult. Warum, weiß ich nicht.

Ich stand eine Ewigkeit da und guckte auf ihn runter. Im Schlaf sieht Wilfrid nicht halb so gemein aus. Meine Mutter hatte die Glut mit Asche bedeckt, damit am Morgen noch Feuer zum Brotbacken da war, und die Moleskin-Hosen von meinem Vater hingen zum Trocknen da, weil er am Nachmittag in den Viehteich hatte waten müssen, um ein Lamm zu retten. Ich verschob sie ein kleines bisschen, damit sie nicht angesengt wurden. Ich zog die Uhr auf – eigentlich ist es Wilfrids Aufgabe, das abends zu machen, aber er vergisst es immer – und musste dran denken, wie sie sie am Morgen alle ticken hören würden, wenn sie nach mir suchten und vor lauter Angst das Frühstücken vergaßen, und ich machte schon kehrt, um wieder in mein Zimmer zu gehen.

Aber dann drehte ich wieder um und kletterte aus dem Küchenfenster, weil unsere Haustür so quietscht. Ich hatte Angst, dass Malka in der Scheune aufwachen und sofort wissen würde, was los war, denn Malka kann ich nie was vormachen, aber sie wachte nicht auf, und ich hielt fast den ganzen Weg die Luft an, als ich zu Onkel Ambroses Haus rannte und schnell auf seinen Wagen mit den Schaffellen kletterte. Es war eine kalte Nacht, aber unter dem Haufen Schaffelle war es heiß und stinkig, und ich konnte nichts tun, als dazuliegen und auf Onkel Ambrose zu warten. Also dachte ich vor allem an Felicitas, damit ich nicht so ein scheußlich schlechtes Gewissen hatte, weil ich einfach von zu Hause und von allen wegging. An Felicitas zu denken war schlimm genug – ich hatte noch nie jemanden, den ich gernhatte, verloren, nicht für *immer* –, aber es war wenigstens anders.

Wann Onkel Ambrose schließlich kam, weiß ich nicht, weil ich auf dem Wagen einschlief und erst wieder aufwachte, als da so ein Rucken und Knarren war und dieses schlabbrige Schnauben, das ein Pferd von sich gibt, wenn es geweckt wird und ihm das gar nicht passt – und schon waren wir auf dem Weg nach Hagsgate. Der Halbmond sank schon früh wieder, aber ich konnte das Dorf vorbeiholpern sehen, nicht silbrig in dem Licht, sondern unscheinbar und stumpf, keine Farbe, nirgends. Und trotzdem kamen mir fast die Tränen, weil es schon so weit weg schien, obwohl wir noch nicht mal am Viehteich vorbei waren, und ich das Gefühl hatte, ich würde es nie wiedersehen. Ich wäre auf der Stelle aus dem Wagen geklettert, wenn ich nicht gewusst hätte, dass das nicht ging.

Weil der Greif immer noch wach und auf der Jagd war.

Sehen konnte ich ihn natürlich nicht, unter den ganzen Schaffellen (außerdem hatte ich die Augen sowieso zu), aber seine Flügel machten ein Geräusch, als ob ganz viele Messer auf einmal geschärft würden, und manchmal stieß er einen Schrei aus, der schrecklich war, weil er so sanft und gedämpft klang und fast schon ein bisschen traurig und *ängstlich*, als ob der Greif den Laut nachmachte, den Felicitas von sich gegeben hatte, als er sie holte. Ich verkroch mich, so tief ich konnte, und versuchte, wieder einzuschlafen, schaffte es aber nicht.

Was auch gut war, weil ich nicht bis nach Hagsgate reinfahren wollte, wo mich Onkel Ambrose finden musste, wenn er auf dem Marktplatz seine Felle ablud. Also streckte ich, als ich den Greif nicht mehr hörte (sie jagen nie weit von ihrem Nest, wenn es nicht sein muss), den Kopf über die hintere Klappe des Wagens und sah zu, wie die Sterne einer nach dem anderen erloschen, als der Himmel immer heller wurde. Der Morgenwind setzte ein, als der Mond unterging.

Als der Wagen nicht mehr so holperte und wackelte, wusste ich, dass wir auf die Straße des Königs eingebogen sein mussten, und als ich Kühe kauen und leise miteinander reden hörte, ließ ich mich vom Wagen fallen. Ich stand erst mal nur da, wischte mir Staubflusen und Wollbüschel von den Kleidern und schaute Onkel Ambroses Wagen hinterher, der immer weiter davonrollte. Ich war noch nie allein so weit von zu Hause weg gewesen. Und noch nie so einsam. Vom Wind strich mir dürres Gras um die Knöchel, und ich hatte keine Ahnung, in welche Richtung ich gehen musste.

Ich wusste nicht mal, wie der König hieß – ich hatte nie

gehört, dass ihn jemand anders nannte als »der König«. Ich wusste, er wohnte nicht in Hagsgate selbst, sondern in einem großen Schloss irgendwo in der Nähe, aber in der Nähe kann viel heißen, je nachdem, ob man mit einem Wagen fährt oder zu Fuß geht. Und ich musste immer wieder dran denken, dass meine Familie jetzt aufwachte und mich suchte, und von den Geräuschen, die die Kühe beim Weiden machten, kriegte ich Hunger, und meinen Käse hatte ich schon auf dem Wagen aufgegessen. Ich hätte so gern einen Penny dabeigehabt – nicht um was zu kaufen, nur um ihn in die Luft zu werfen und drüber entscheiden zu lassen, ob ich nach rechts oder nach links gehen sollte. Ich versuchte es mit flachen Steinchen, fand sie aber nicht wieder, wenn sie runtergefallen waren. Schließlich ging ich nach links, ohne bestimmten Grund, nur weil ich an der linken Hand einen kleinen silbernen Ring trage, den mir meine Mutter geschenkt hat. In diese Richtung führte auch eine Art Fußpfad, und ich dachte, vielleicht könnte ich ja um Hagsgate herumlaufen und mir dann überlegen, was weiter tun. Ich bin gut zu Fuß. Ich kann überall hinlaufen, wenn man mir genug Zeit lässt.

Nur dass es auf einer richtigen Straße leichter ist. Der Pfad hörte nach einer Weile auf, und ich musste mich zwischen dichten Bäumen durchzwängen und dann durch so viel Brombeergesträuch, dass mir lauter stachlige Zweigstückchen im Haar hingen und meine Arme brannten und bluteten. Ich war müde und verschwitzt und kurz davor – aber nur *davor* – zu heulen, und sobald ich mich hinsetzte, um mich auszuruhen, krabbelten Käfer und anderes Getier auf mir herum. Dann hörte ich irgendwo in der Nähe Wasser plätschern, und davon kriegte ich sofort

Durst, also ging ich dem Geräusch nach. Wobei ich allerdings die meiste Zeit kriechen musste und mir Knie und Ellbogen ganz fürchterlich aufschrammte.

Es war nicht gerade ein großartiger Bach – an manchen Stellen ging mir das Wasser kaum über die Knöchel –, aber ich war so froh, als ich ihn gefunden hatte, dass ich ihn regelrecht küsste und umarmte, mich auf die Knie fallen ließ und das Gesicht im Wasser vergrub wie in Malkas stinkigem alten Fell. Und ich trank, bis nichts mehr in mich reinging, und setzte mich dann auf einen Stein, ließ die winzigen Fische meine wunderbar kühlen Füße kitzeln, fühlte die Sonne auf den Schultern und dachte weder an Greife noch an Könige noch an sonst irgendwas.

Ich sah erst auf, als ich ein Stück bachaufwärts die Pferde wiehern hörte. Sie spielten nach Pferdeart mit dem Wasser, machten Blubberblasen wie kleine Kinder. Ganz gewöhnliche Reitgäule, einer mehr braun, der andere eher grau. Der Reiter des Grauen war abgesessen und guckte sich den linken Vorderfuß des Pferds an. Ich konnte nicht viel sehen – beide Reiter trugen schlichte dunkelgrüne Mäntel, und ihre Hosen waren so abgewetzt, dass man die Farbe nicht mehr erkennen konnte –, deshalb merkte ich nicht, dass einer von ihnen eine Frau war, bis ich dann die Stimme hörte. Eine hübsche Stimme, tief wie die von Silky Joan, über die ich meiner Mutter nicht mal Fragen stellen darf, aber auch irgendwie rau, als könnte die Frau wie ein Falke schreien, wenn sie wollte. Sie sagte: »Da ist kein Stein zu sehen. Vielleicht ein Dorn?«

Der andere Reiter, der auf dem braunen Pferd, antwortete: »Oder eine Druckstelle. Lass mich mal schauen.«

Diese Stimme klang heller und jünger als die der Frau,

aber dass der Reiter ein Mann war, wusste ich, weil er so groß war. Er stieg von dem Braunen, und die Frau trat zur Seite, damit er den Fuß ihres Pferdes anheben konnte. Bevor er das tat, legte er dem Pferd die Hände an den Kopf, eine auf jeder Seite, und sagte etwas, das ich nicht verstehen konnte. *Und das Pferd sagte etwas zu ihm.* Kein Wiehern oder Schnauben oder sonst ein Geräusch, das Pferde machen, nein, es war, wie wenn jemand mit jemand anderem redet. Besser kann ich es nicht ausdrücken. Dann bückte sich der große Mann, hob den Fuß des Pferdes hoch und guckte ihn sich eine ganze Weile an, und das Pferd bewegte sich nicht, schlug nicht mit dem Schweif und nichts.

»Ein Steinsplitter«, sagte der Mann schließlich. »Nur ein ganz kleiner, aber er ist tief in den Huf eingedrungen, und jetzt schwärt es. Ich verstehe nicht, warum ich es nicht gleich gemerkt habe.«

»Nun ja«, sagte die Frau. Sie berührte ihn an der Schulter. »Man kann nicht alles merken.«

Der große Mann schien ärgerlich auf sich selbst, so wie mein Vater, wenn er das Weidegatter nicht richtig zugemacht hat und der schwarze Widder von unserem Nachbarn reinkommt und mit unserem armen alten Brimstone einen Kampf anfängt. Er sagte: »Ich schon. Ich habe es zu können.« Dann drehte er dem Pferd den Rücken zu, beugte sich über den Vorderhuf, wie es unser Schmied tut, und machte sich daran zu schaffen.

Was er machte, konnte ich nicht genau sehen. Er hatte keine Hufmesser oder Hufkratzer wie der Schmied, und ich kann nur sagen, ich *glaube,* er sang dem Pferd etwas vor. Aber ich bin mir nicht sicher, ob es richtig gesungen war. Es klang eher wie der erfundene Singsang, den ganz kleine Kinder von sich geben, wenn sie allein im Dreck spielen. Keine Melodie, nur rauf und runter, di-da, di-da-di … Langweilig selbst für ein Pferd, hätte man meinen sollen. Das machte er ziemlich lange, den Huf immer noch in den Händen. Plötzlich hörte er auf zu singen, richtete sich auf, hielt etwas hoch, das in der Sonne glitzerte wie der Bach, und zeigte es als Erstes dem Pferd. »Da«, sagte er, »das war es. Jetzt ist es wieder gut.«

Er warf das kleine Ding weg, hob den Huf wieder an, sang aber diesmal nicht, sondern berührte ihn nur leicht mit einem Finger, strich immer wieder drüber. Dann setzte er den Huf wieder ab, und das Pferd stampfte einmal fest auf und wieherte, und der große Mann wandte sich der Frau zu und sagte: »Trotzdem sollten wir hier unser Nachtlager aufschlagen. Sie sind beide müde, und mir tut der Rücken weh.«

Die Frau lachte. Ein tiefes, tönendes, langsames Lachen. So ein Lachen hatte ich noch nie gehört. Sie sagte: »Der größte Zauberer der Welt, und dir tut der Rücken weh? Heile ihn, so wie du meinen geheilt hast, damals, als der Baum auf mich fiel. Ich glaube, dazu hast du ganze fünf Minuten gebraucht.«

»Länger«, antwortete der Mann. »Du warst nicht bei Sinnen, hast es gar nicht mitbekommen.« Er berührte ihr Haar, das zwar fast ganz grau, aber dick und hübsch war. »Du weißt doch, wie ich dazu stehe«, sagte er. »Ich bin immer noch zu gern sterblich, um Zauberkräfte auf mich selbst anzuwenden. Das verdirbt es irgendwie – verwässert das Gefühl. Das habe ich dir doch schon erklärt.«

Die Frau sagte: »Mmpff«, so wie ich es von meiner Mutter tausendmal gehört habe. »Also, *ich* bin schon mein Leben lang sterblich, und es gibt Tage, da …«

Sie sprach nicht zu Ende, und der große Mann lächelte auf eine Art, die sagte, dass er sie necken wollte. »Da was?«

»Nichts«, sagte die Frau, »nichts, nichts.« Sie klang einen Augenblick lang gereizt, berührte dann aber den Mann an den Armen und sagte mit einer anderen Stimme: »An manchen Tagen – manchmal frühmorgens –, wenn der Wind nach Blüten riecht, die ich nie sehen werde, und in den nebligen Obstgärten Kitze tollen und du gähnst und brummelst und dich am Kopf kratzt und knurrst, dass wir noch vor dem Abend Regen kriegen werden und wahrscheinlich auch Hagel … an solchen Tagen wünsche ich mir von ganzem Herzen, wir könnten beide ewig leben, und ich finde, du warst ein Riesennarr, das aufzugeben.« Sie lachte wieder, aber jetzt klang es ein bisschen zittrig. Sie sagte: »Dann wieder erinnere ich mich an Dinge, an die ich mich lieber nicht erinnern würde, und mein Magen muckt, und alles Mögliche *zwickt und zwackt* mich – egal, was es ist und wo es wehtut, ob in meinem Körper, meinem Kopf oder meinem Herzen. Und dann denke ich, *nein, wohl doch nicht, vielleicht nicht.*« Der große Mann nahm sie in die Arme, und einen Moment lang legte sie den Kopf an seine Brust. Was sie noch sagte, konnte ich nicht hören.

Meiner Meinung nach hatte ich kein Geräusch gemacht, aber der Mann hob die Stimme ein wenig und sagte, ohne in meine Richtung zu schauen oder auch nur den Kopf zu heben: »Kind, hier gibt es etwas zu essen.« Zuerst war ich vor Schreck wie gelähmt. Durchs Gebüsch und die ganzen Erlen *konnte* er mich nicht gesehen haben. Und dann fiel mir wieder ein, wie hungrig ich war, und ohne dass ich wusste, was ich tat, ging ich auf sie zu. Ich guckte auf meine Füße und sah, wie sie sich bewegten, wie die Füße von jemand anderem, als ob sie diejenigen wären, die Hunger hatten, nur dass sie mich brauchten, um zu dem Essen zu gelangen. Der Mann und die Frau standen ganz still da und erwarteten mich.

Von nahem sah die Frau jünger aus, als ihre Stimme geklungen hatte, und der große Mann älter. Nein, das stimmt so nicht, das meine ich nicht. Sie war überhaupt nicht jung, aber das graue Haar machte ihr Gesicht jünger, und sie hielt sich kerzengerade, so wie die Lady, die kommt, wenn Leute bei uns im Dorf Kinder kriegen. Die hält auch ihr Gesicht ganz steif und starr, und ich mag sie nicht besonders. Das Gesicht dieser Frau hier war wohl nicht schön, aber es war ein Gesicht, an das man sich in einer kalten Nacht ankuscheln möchte. Besser kann ich es nicht sagen.

Der Mann … Im einen Moment sah er jünger aus als mein Vater und im nächsten älter als alle Menschen, die ich je gesehen habe, vielleicht sogar älter als Menschen eigentlich werden. Er hatte kein graues Haar, nur jede Menge Falten, aber das meine ich auch nicht. Es waren die Augen. Seine Augen waren grün, grün, *grün*, nicht wie Smaragde – ich habe mal einen Smaragd gesehen, eine Zigeunerin hat ihn mir gezeigt – und erst recht nicht wie Äpfel oder Limonen oder so was. Vielleicht wie das Meer, aber das habe ich noch nie gesehen, deshalb weiß ich's nicht. Wenn man tief genug in den Wald reingeht (nicht in den Midwood natürlich, aber in jeden anderen Wald), kommt man früher oder später wohin, wo selbst die Schatten grün sind, und so waren seine Augen. Zuerst machten sie mir Angst.

Die Frau gab mir einen Pfirsich und sah zu, wie ich reinbiss, zu hungrig, um danke zu sagen. Sie fragte mich: »Was machst du hier, Mädchen? Hast du dich verirrt?«

»Nein, hab ich nicht«, murmelte ich mit vollem Mund. »Ich weiß nur nicht, wo ich bin, das ist was anderes.« Sie lachten beide, aber es war kein gemeines Lachen, kein Auslachen. Ich erklärte ihnen: »Ich heiße Sooz, und ich muss zum König. Er wohnt doch hier irgendwo in der Nähe, oder?«

Sie guckten sich an. Ich konnte ihnen nicht ansehen, was sie dachten, aber der große Mann hob die Augenbrauen, und die Frau schüttelte leicht den Kopf. Sie sahen sich eine ganze Weile an, bis die Frau dann sagte: »Nun ja, in der Nähe nicht gerade, aber auch nicht so weit weg. Wir sind selbst auf dem Weg zu ihm.«

»Gut«, sagte ich. »Oh, *gut*.« Ich versuchte zu reden, als wäre ich so erwachsen wie sie, aber das war schwer, weil ich so froh darüber war, dass sie mich zum König bringen konnten. Ich sagte: »Dann werde ich mit euch gehen.«

Die Frau war schon dagegen, ehe ich die ersten Wörter draußen hatte. Sie sagte zu dem großen Mann: »Nein, das geht nicht. Wir wissen nicht, wie die Lage ist.« Sie schien traurig, dass es so war, aber entschieden. Sie sagte: »Mädchen, es ist nicht deinetwegen. Der König ist ein guter Mensch und ein alter Freund von uns, aber das ist lange her, und Könige verändern sich. Könige verändern sich noch mehr als andere Menschen.«

»Ich muss aber zu ihm«, sagte ich. »Dann reitet eben ohne mich weiter. Ich geh nicht nach Hause, bevor ich bei ihm gewesen bin.« Ich aß den letzten Rest Pfirsich, und der Mann gab mir ein Stück Dörrfisch und lächelte die Frau an, als ich mich drüber hermachte. Er sagte leise zu ihr: »Wir dürften uns doch beide dran erinnern, wie es ist, unbedingt auf eine Fahrt mitzuwollen. Ich kann nur für mich sprechen, aber ich habe gebettelt und gefleht.«

Doch die Frau gab nicht nach. »Wir könnten sie in große Gefahr bringen. Das Risiko kannst du nicht eingehen, es wäre nicht recht!«

Er setzte an, ihr zu antworten, aber ich platzte dazwischen – meine Mutter hätte mich geohrfeigt, dass ich durch die halbe Küche geflogen wäre. Ich schrie sie beide an: »Ich *komme* aus großer Gefahr. Im Midwood nistet ein Greif, und er hat Jehane gefressen und Louli und … und meine Felicitas …« Und jetzt fing ich wirklich an zu weinen, aber es war mir egal. Ich stand einfach nur da und schluchzte und heulte und ließ den Dörrfisch fallen. Ich versuchte, ihn wieder aufzuheben, obwohl ich ihn vor lauter Tränen nicht sehen konnte, aber die Frau hielt mich fest und gab mir ihren Schal, damit ich mir die Augen trocknen und die Nase schnäuzen konnte. Er roch gut.

»Kind«, sagte der große Mann immer wieder, »Kind, ereifre dich doch nicht so, das mit dem Greif wussten wir nicht.« Die Frau hielt mich im Arm, strich mir übers Haar und funkelte ihn an, als wäre es seine Schuld, dass ich so heulte. Sie sagte: »Natürlich nehmen wir dich mit, Liebes – ist ja gut, natürlich tun wir's. Das ist was Schreckliches, ein Greif, aber der König wird wissen, was dagegen zu tun ist. Der König verspeist Greife zum Frühstück – schmiert sie auf Toast, mit Orangenmarmelade, und verputzt sie dann, ich versprech's dir.« Und so fort, albernes Zeug, das mich aber tröstete, während der Mann immer noch vernünftig auf mich einredete, dass ich nicht weinen solle. Ich hörte schließlich auf zu weinen, als er ein großes rotes Taschentuch hervorzog, es zur Form eines Vogels schlang und knotete und davonfliegen ließ. Onkel Ambrose kann Tricks mit Münzen und Muschelschalen, aber so was kann er nicht.

Er hieß Schmendrick, was ich immer noch den komischsten Namen finde, den ich je gehört habe. Die Frau hieß Molly Grue. Wir brachen nicht gleich auf, wegen der Pferde, sondern schlugen da, wo wir waren, ein Nachtlager auf. Ich wartete drauf, dass der Mann, Schmendrick, es per Zauberkraft errichten würde, aber er machte nur Feuer, breitete ihre Decken aus und holte Wasser vom Bach wie jeder andere auch, während sie den Pferden die Vorderbeine mit Riemen fesselte und sie grasen schickte. Ich sammelte Feuerholz.

Die Frau, Molly, erzählte mir, dass der König Lír hieß und dass sie ihn als ganz jungen Mann gekannt hatten, bevor er König geworden war. »Er ist ein wahrer Held«, sagte sie, »ein Drachentöter, ein Riesenbezwinger, ein Retter bedrängter Jungfrauen und Löser unlösbarer Rätsel. Er ist vielleicht sogar der größte aller Helden, weil er auch ein guter Mensch ist. Das sind sie nicht immer.«

»Aber du wolltest nicht, dass ich mit zu ihm gehe«, sagte ich. »Warum nicht?«

Molly seufzte. Wir saßen unter einem Baum und sahen zu, wie die Sonne unterging, und sie bürstete mir Zeug aus dem Haar. Sie sagte: »Jetzt ist er alt. Schmendrick hat Probleme mit der Zeit – warum, erzähle ich dir eines Tages, das ist eine lange Geschichte –, und er versteht nicht, dass Lír vielleicht nicht mehr der ist, der er war. Es könnte ein trauriges Wiedersehen werden.« Sie fing an, mir das Haar um den Kopf zu flechten, damit es aus dem Weg war. »Ich hatte bei dieser Reise von Anfang an ein ungutes Gefühl, Sooz. Aber *er* hat sich in den Kopf gesetzt, dass Lír uns braucht, also sind wir jetzt hier. Man kann nicht mit ihm debattieren, wenn er so ist.«

»Eine gute Ehefrau hat nicht mit ihrem Mann zu debattieren«, sagte ich. »Meine Mutter sagt, man wartet, bis er aus dem Haus ist oder schläft, und macht dann, was man will.«

Molly lachte, dieses tönende, lustige Lachen, das sie hat, wie ein tiefes Glucksen. »Sooz, ich kenne dich erst ein paar Stunden, aber ich würde jeden Penny, den ich im Moment besitze – und auch Schmendricks ganzes Geld – darauf verwetten, dass du mit dem Mann, den du mal heiratest, schon in der Hochzeitsnacht debattieren wirst. Außerdem sind wir nicht verheiratet, Schmendrick und ich. Wir sind zusammen, weiter nichts. Wir sind schon ganz schön lange zusammen.«

»Oh«, sagte ich. Ich kannte keine Leute, die einfach zusammen waren, nicht so, wie sie es sagte. »Aber ihr *wirkt* verheiratet. Irgendwie.«

Mollys Gesicht blieb unverändert, aber sie legte den Arm um mich und zog mich kurz an sich. Sie flüsterte mir ins Ohr: »Ich würde ihn nicht heiraten, und wenn er der letzte Mann auf der Welt wäre. Er isst im Bett wilde Rettiche. *Knurps, knurps, knurps,* die ganze Nacht – *knurps, knurps, knurps.*« Ich kicherte, und der große Mann, der gerade am Bach einen Topf spülte, guckte zu uns rüber. Das letzte Sonnenlicht lag auf ihm, und diese grünen Augen leuchteten wie ganz junge Blätter. Eins zwinkerte mir zu, und ich *fühlte* es, so wie man einen winzigen Lufthauch auf der Haut fühlt, wenn es heiß ist. Dann scheuerte er wieder an dem Topf herum.

»Werden wir lange brauchen bis zum König?«, fragte ich sie. »Ihr habt doch gesagt, er wohnt nicht so weit weg, und ich habe Angst, dass der Greif noch jemanden frisst, während ich weg bin. Ich muss nach Hause.«

Molly war jetzt mit meinem Haar fertig und zog sachte meinen Hinterkopf runter, damit ich aufblickte und ihr in die Augen sah. Sie waren so grau, wie Schmendricks Augen grün waren, und ich wusste schon, dass sie je nach Mollys Stimmung dunkler oder heller grau wurden. »Was erwartest du dir davon, den König zu treffen, Sooz?«, fragte sie zurück. »Was hast du dir vorgestellt, als du dich auf den Weg zu ihm gemacht hast?«

Ich war überrascht. »Na ja, ich werde ihn dazu bringen, dass er mit mir in mein Dorf kommt. All diese Ritter, die er schickt, richten überhaupt nichts aus, also muss er sich selbst um diesen Greif kümmern. Er ist der König. Das ist seine Aufgabe.«

»Ja«, sagte Molly, aber so leise, dass ich es kaum hören konnte. Sie tätschelte mir kurz den Arm, ganz leicht, stand dann auf und ging davon, um sich allein ans Feuer zu setzen. Sie tat, als ob sie die Glut für die Nacht bedecken wollte, machte es aber nicht wirklich.

Früh am nächsten Morgen brachen wir auf. Molly nahm mich eine Weile vor sich auf ihr Pferd, aber dann nahm mich Schmendrick die meiste Zeit auf seins, um den wunden Huf des anderen Pferds zu schonen. Er war bequemer zum Anlehnen, als ich gedacht hatte – knochig an manchen Stellen, schön nachgiebig an anderen. Er redete kaum, sang aber viel, während wir so dahinritten, manchmal in Sprachen, von denen ich kein Wort verstand, manchmal aber auch einfach erfundene, alberne Liedchen, um mich zum Lachen zu bringen. Eins ging so:

Soozli, Soozli,
Pfiffikusli,
erheiterst mich bis in die Schuhsli.
Soozli, Soozli,
Magus-Musli,
machst mich ganz konfusli-wusli.

Zaubern tat er gar nicht, außer vielleicht einmal, als eine Krähe immer wieder dicht über das Pferd hinwegschoss – aus reiner Bosheit, da war nirgends ein Nest – und das arme Tier tänzelte und scheute und nervöse Sätze machte, dass ich fast runterfiel. Schließlich drehte sich Schmendrick im Sattel um und *guckte* die Krähe *an*, und im nächsten Moment stieß ein Falke aus dem Nichts herab und jagte die kreischende Krähe in einen Dornbusch, wohin er sie nicht mehr verfolgen konnte. Das war schon Zauber, glaube ich.

Es war hübsches Land, durch das wir ritten, als wir erst mal auf der richtigen Straße waren. Bäume, Wiesen, sanfte kleine Täler, Hänge voller Wildblumen, die ich nicht kannte. Man sah, dass es hier viel mehr regnete als da, wo ich wohne. Das Gute an Schafen ist, dass sie keine richtigen Weiden brauchen wie Kühe. Sie kommen da zurecht, wo die Ziegen zurechtkommen, und Ziegen kommen überall zurecht. So halten wir's bei uns im Dorf, weil es nicht anders geht. Aber das Land hier gefiel mir besser.

Schmendrick erklärte mir, dass es nicht immer so war. »Vor Lír war das hier alles Ödland, wo nichts wuchs, Sooz – *nichts*. Es hieß, auf dem Land liege ein Fluch, und in gewisser Weise war es auch so, aber das erzähle ich dir ein andermal.« Das sagen die Leute *immer*, wenn man ein Kind ist, und ich kann es nicht ausstehen. »Aber Lír hat alles verändert. Das Land war so froh über ihn, dass es anfing zu grünen und zu blühen, sobald er König wurde, und es seither immerfort tut. Außer dem armen Hagsgate, aber auch das ist eine andere Geschichte.« Seine Stimme wurde schleppender und tiefer, als er von Hagsgate sprach, so als redete er gar nicht mit mir.

Ich verrenkte den Hals, um ihn anzugucken. »Glaubst du, König Lír wird mit mir kommen und diesen Greif töten? Ich glaube, Molly glaubt nicht, dass er's tut, weil er so alt ist.« Ich hatte gar nicht gewusst, dass mich das bedrückte, bis ich es aussprach.

»Ach was, natürlich wird er mitkommen, Kind.« Schmendrick zwinkerte mir wieder zu. »Dem Flehen einer Jungfrau in Bedrängnis konnte er noch nie widerstehen, je schwieriger und gefährlicher die Aufgabe, desto besser. Wenn er nicht schon beim ersten Hilferuf selbst spornstreichs in euer Dorf geeilt ist, dann gewiss deshalb, weil er mit irgendeiner anderen Heldentat beschäftigt war. Ich bin mir ganz sicher, sobald du dein Anliegen vorbringst – vergiss nicht, einen ordentlichen Hofknicks zu machen –, wird er sein mächtiges Schwert und seine Lanze nehmen, dich vor sich in den Sattel heben und lossprengen gegen euren Greif, dass hinter ihm die Straße qualmt. Jung oder alt, so ist er nun mal.« Er wuschelte mir durchs Haar am Hinterkopf. »Molly macht sich zu viele Gedanken. So ist *sie* nun mal. Wir sind, wer wir sind.«

»Was ist ein Hofknicks?«, fragte ich ihn. Inzwischen weiß ich es, weil Molly es mir gezeigt hat, aber damals wusste ich's nicht. Er lachte nicht, außer mit den Augen, bedeutete mir dann mit einer Handbewegung, mich nach vorn zu drehen, und fing wieder an zu singen.

Soozli, Soozli
hab ich Dusli,
und du wirst mein Schmusli-Gspusli?
Soozli, Soozli,
sonst, o Grusli,
müsst verfallen ich dem Fusli.

Ich erfuhr, dass der König, als er jung war, in einem Schloss auf einer Felsklippe am Meer gewohnt hatte, keine Tagesreise von Hagsgate, aber das Schloss war eingestürzt – wie, wollte mir Schmendrick nicht sagen –, also hatte er woanders ein neues gebaut. Das fand ich schade, weil ich noch nie am Meer gewesen war und immer schon mal hingewollt hatte und es bis heute nicht gesehen habe. Aber ein Schloss hatte ich auch noch nie gesehen, also blieb mir immer noch das. Ich lehnte mich an seine Brust und schlief ein.

Zuerst waren sie langsam geritten, um Mollys Pferd Zeit zu lassen, wieder gesund zu werden, doch als sein Huf geheilt war, ritten wir den Rest des Weges meistens im Galopp. Ihre Pferde sahen überhaupt nicht magisch oder sonst wie besonders aus, konnten aber stundenlang rennen, ohne müde zu werden, und wenn ich dann half, sie abzureiben und zu striegeln, schwitzten sie kaum. Sie schliefen auf der Seite wie Menschen, nicht im Stehen wie die Pferde bei uns.

Auch so brauchten wir volle drei Tage bis zu König Lír. Molly sagte, er habe schlimme Erinnerungen an das eingestürzte Schloss, deshalb sei dieses hier so weit vom Meer entfernt und so anders als das alte wie nur möglich. Es stand auf einem Hügel, damit der König jeden sehen konnte, der die Straße entlangkam, aber es hatte keinen Graben und keine gepanzerten Wachen, und auf den Mauern wehte nur ein Banner. Es war blau, mit einem weißen Einhorn drauf. Sonst nichts.

Ich war enttäuscht. Ich versuchte, es nicht zu zeigen, aber Molly merkte es. »Du hast dir eine Festung vorgestellt«, sagte sie sanft zu mir. »Du hast düstere Steintürme erwartet, Fahnen, Kanonen und Ritter, Trompeter, die von den Zinnen blasen. Tut mir leid. Wo es doch dein erstes Schloss ist und überhaupt.«

»Nein, es ist ein *hübsches* Schloss«, sagte ich. Und es war wirklich hübsch, wie es so friedlich auf seinem Hügel stand, in der Sonne, inmitten all der Wildblumen. Da war ein Markt, das konnte ich jetzt erkennen, und da waren Hütten wie unsere, direkt an die Mauer geschmiegt, damit die Leute im Notfall drinnen Schutz suchen konnten. Ich sagte: »Wenn man es nur sieht, merkt man schon, dass der König ein netter Mann ist.«

Molly guckte mich an, den Kopf ein bisschen schief gelegt. Sie sagte: »Er ist ein Held, Sooz. Vergiss das nicht, was du auch siehst, was du auch denkst. Lír ist ein Held.«

»Ach, das weiß ich«, sagte ich. »Ich bin sicher, er wird mir helfen. Ganz sicher.«

Aber ich war's nicht. Sobald ich dieses nette, freundliche Schloss sah, war ich mir kein bisschen sicher.

Reinzukommen war kein Problem. Das Tor ging einfach auf, als Schmendrick einmal anklopfte, und er und Molly und ich marschierten hinein, mitten durch den Markt, wo Leute Obst und Gemüse aller Art verkauften und Töpfe und Pfannen und Kleider, genau wie bei uns im Dorf. Alle riefen uns zu, wir sollten an ihren Stand kommen und Sachen kaufen, aber niemand hinderte uns, ins Schloss zu gehen. An der großen zweiflügligen Tür standen zwei Männer, und die fragten uns jetzt doch, wer wir seien und warum wir zu König Lír wollten. Sobald Schmendrick seinen Namen sagte, traten sie schnell beiseite und ließen uns durch, und da dachte ich, dass er ja vielleicht ein richtig berühmter Zauberer war, auch wenn ich noch nicht mehr mitgekriegt hatte als kleine Tricks und Liedchen. Die Männer erboten sich nicht, ihn zum König zu bringen, und er bat nicht drum.

Molly hatte recht. Ich *hatte* erwartet, dass das Schloss ganz kalt und düster sein würde, mit Königinnen, die uns schief anguckten, und hünenhaften Männern, die in ihren Rüstungen an uns vorbeiklirrten. Aber die Gänge, durch die wir Schmendrick folgten, waren voller Sonnenlicht, das durch hohe, längliche Fenster fiel, und die meisten Leute, die wir sahen, nickten uns lächelnd zu. Wir kamen an einer Steintreppe vorbei, die sich in die Höhe wand und außer Sicht verschwand, und ich war mir sicher, dass der König dort oben wohnte, aber Schmendrick guckte nicht mal hin. Er führte uns geradewegs durch die große Halle –

die hatte eine Feuerstelle, so groß, dass man drei Kühe auf einmal braten konnte! – und weiter, vorbei an den Küchen und der Spül- und der Waschküche, zu einem Raum unter einer anderen Treppe. Da war es wirklich finster. Man hätte die Tür nicht gefunden, wenn man nicht gewusst hätte, wo man suchen musste. Schmendrick klopfte nicht an und sagte auch keine Zauberworte, damit die Tür aufging. Er blieb einfach nur davor stehen und wartete, und schließlich öffnete sie sich mit Gerassel, und wir gingen rein.

Drinnen war der König. Ganz allein war er dort drinnen.

Er saß auf einem gewöhnlichen Holzstuhl, keinem Thron. Der Raum war wirklich klein, so groß wie die Webstube meiner Mutter, vielleicht wirkte der König ja deshalb so mächtig. Er war so groß wie Schmendrick, erschien mir aber so viel breiter. Ich hatte ihn mir wohl mit einem langen Bart vorgestellt, der über seine ganze Brust reichte, aber er hatte nur einen kurzen, so wie mein Vater, bloß weiß. Er trug einen rot-goldenen Umhang, und auf seinem weißen Haupt saß eine echte Goldkrone, nicht viel breiter als die Kränze, die wir am Ende des Jahres unseren preisgekrönten Widdern aufsetzen. Er hatte ein nettes Gesicht mit einer großen Nase und große blaue Augen wie ein kleiner Junge. Aber seine Augen waren so müde, mit so schweren Lidern, dass ich mir nicht vorstellen konnte, wie er sie offen hielt. Manchmal hielt er sie auch nicht offen. Sonst war da nichts in dem kleinen Raum, und er guckte uns drei an, als ob er wüsste, dass er uns kannte, nur nicht *woher*. Er versuchte zu lächeln.

Schmendrick sagte ganz sanft: »Majestät, wir sind's,

Schmendrick und Molly Grue.« Der König sah ihn blinzelnd an.

»Molly mit der Katze«, flüsterte Molly. »Du erinnerst dich doch an die Katze, Lír.«

»Ja«, sagte der König. Er schien ewig zu brauchen, um das eine Wort auszusprechen. »Die Katze, ja, natürlich.« Aber danach sagte er nichts mehr, und wir standen da und standen da, und der König lächelte über irgendwas, das ich nicht sehen konnte.

Schmendrick sagte zu Molly: »So hat *sie* sich immer vergessen.« Seine Stimme war jetzt anders, so wie wenn er drüber redete, wie das Land früher gewesen war. Er sagte: »Und dann hast du sie immer dran erinnert, dass sie ein Einhorn war.«

Und da veränderte sich auch der König. Ganz plötzlich waren seine Augen klar und ganz leuchtend vor Gefühl, so wie Mollys Augen, und zum ersten Mal sah er uns wirklich. Er sagte sanft: »Oh, meine Freunde!«, und stand auf und kam zu uns und umarmte Schmendrick und Molly. Und ich sah, dass er ein Held gewesen war und immer noch einer war, und ich dachte jetzt, dass es ja vielleicht doch gut werden würde. Vielleicht würde ja doch alles gut.

»Und wer mag diese Prinzessin hier sein?«, fragte er und guckte mir genau ins Gesicht. Er hatte eine Stimme, wie es sich für einen König gehört, tief und kräftig, aber nicht furchterregend, nicht böse. Ich versuchte, meinen Namen zu sagen, brachte aber keinen Laut heraus, und da fiel er doch tatsächlich vor mir auf ein Knie und ergriff meine Hand. Er sagte: »Ich konnte schon oft Prinzessinnen in Not zu Diensten sein. Verfüge über mich.«

»Ich bin keine Prinzessin, ich bin Sooz«, sagte ich, »und

ich bin aus einem Dorf, das du bestimmt nicht mal kennst, und dort ist ein Greif, der die Kinder frisst.« Es kam einfach alles in einem Atemzug heraus, aber er lachte nicht und guckte mich auch nicht anders an. Er fragte mich nur, wie mein Dorf heiße, und ich sagte es ihm, und er sagte: »Aber das kenne ich wohl, Madam. Ich war schon dort. Und jetzt werde ich das Vergnügen haben, wieder dorthin zu kommen.«

Über seine Schulter sah ich, wie Schmendrick und Molly sich verdutzt anguckten. Schmendrick wollte etwas sagen, aber dann wandten sie sich beide zur Tür, weil eben eine kleine dunkelhaarige Frau, ungefähr so alt wie meine Mutter, aber in Kleidung, wie Molly sie trug – Tunika, Hosen und Stiefel –, hereingekommen war. Sie sagte mit leiser, nervöser Stimme: »Es tut mir wirklich außerordentlich leid, dass ich nicht hier war, um Seiner Majestät alte Gefährten zu begrüßen. Nicht nötig, mir eure illustren Namen zu nennen – der meine ist Lisene, und ich bin Seiner Majestät königlicher Sekretär, Dolmetsch und Protektor.« Sie fasste König Lír ganz höflich und behutsam am Arm und machte sich daran, ihn zu seinem Stuhl zurückzuführen.

Schmendrick brauchte ein Weilchen, um die Sprache wiederzufinden. Dann sagte er: »Ich hatte nie den Eindruck, dass mein alter Freund Lír einen dieser Dienste nötig hätte. Schon gar nicht den eines Protektors.«

Lisene war mit dem König beschäftigt und sah Schmendrick nicht an, als sie antwortete: »Wie lange ist es her, dass du ihn das letzte Mal gesehen hast?« Schmendrick sagte nichts. Lisenes Stimme war immer noch leise, aber nicht mehr so nervös. »Die Zeit schlägt ihre Klauen in uns alle, Mylord, früher oder später. Wir sind alle nicht mehr die, die wir waren.« König Lír setzte sich folgsam auf seinen Stuhl und machte die Augen zu.

Ich merkte, dass Schmendrick wütend war und immer noch wütender wurde, während er da stand, aber er zeigte es nicht. Mein Vater wird auf diese Art wütend, deshalb wusste ich es. Schmendrick sagte: »Seine Majestät hat sich bereit erklärt, diese junge Person in ihr Dorf zurückzubegleiten, um ihre Leute von einem räuberischen Greif zu befreien. Wir brechen morgen auf.«

Lisene fuhr so schnell herum, dass ich fest glaubte, sie würde gleich losbrüllen und uns allen Befehle erteilen. Aber sie tat nichts dergleichen. Man hätte nie gedacht, dass sie auch nur das kleinste bisschen verärgert oder bestürzt war. Sie sagte nur: »Ich fürchte, das wird nicht möglich sein, Mylord. Der König ist nicht in der Verfassung für eine solche Reise und ganz gewiss nicht für ein solches Unterfangen.«

»Das sieht der König anders.« Schmendrick sprach jetzt durch die zusammengebissenen Zähne.

»Ach ja, tut er das?« Lisene zeigte auf König Lír, und ich sah, dass er auf seinem Stuhl eingeschlafen war. Sein Kopf hing vornüber – ich hatte Angst, dass ihm die Krone abfallen würde –, und sein Mund stand offen. Lisene sagte: »Ihr habt den unvergleichlichen Krieger gesucht, den ihr in Erinnerung hattet, aber gefunden habt ihr einen kraftlosen, senilen, alten Mann. Glaubt mir, ich habe Verständnis für eure Notlage, aber ihr müsst doch sehen …«

Schmendrick schnitt ihr das Wort ab. Ich hatte nie gewusst, was Leute meinten, wenn sie davon sprachen, dass jemandes Augen Blitze schleuderten, aber grüne

Augen zumindest können das wirklich. Er wirkte jetzt noch größer, als er war, und als er einen Zeigefinger auf Lisene richtete, dachte ich wirklich, die kleine Frau würde in Flammen aufgehen oder vielleicht auch zerschmelzen. Was Schmendricks Stimme besonders furchterregend machte, war, dass sie so ruhig war. Er sagte: »Hör zu. Ich bin Schmendrick, der Zauberer, und ich sehe meinen alten Freund Lír, wie ich ihn immer gesehen habe – klug, mächtig und gut, geliebt von einem Einhorn.«

Und zum zweiten Mal wurde der König bei diesem Wort wach. Er blinzelte einmal, umfasste dann die Armlehnen seines Stuhls und stemmte sich hoch. Er sah nicht uns an, sondern Lisene und sagte: »Ich werde mit ihnen gehen. Es ist meine Aufgabe und meine Gabe. Du wirst dafür sorgen, dass man mich bereit macht.«

Lisene sagte: »Majestät, nein! Majestät! Ich flehe dich an!«

König Lír streckte die Arme aus und nahm Lisenes Gesicht zwischen seine mächtigen Hände, und ich sah, dass da Liebe zwischen ihnen war. Er sagte: »Dafür bin ich da. Das weißt du so gut wie *er*. Sorge dafür, Lisene, und hüte mir alles gut, während ich weg bin.«

Lisene guckte so traurig, so *verloren*, dass ich nicht wusste, was ich denken sollte, von ihr, von König Lír und überhaupt. Ich merkte nicht, dass ich zurückgewichen war und mich an Molly Grue gedrängt hatte, bis ich dann ihre Hand in meinem Haar fühlte. Sie sagte nichts, aber es tat gut, sie zu riechen. Lisene sagte ganz leise: »Ich werde es veranlassen.«

Sie drehte sich um und ging mit gesenktem Kopf in Richtung Tür. Ich glaube, sie wollte einfach an uns vorbeigehen, ohne uns anzusehen, konnte es aber nicht. An der Tür hob sich ihr Kopf, und sie starrte Schmendrick so eisig an, dass ich mich in Mollys Kleidern verkroch, um ihre Augen nicht sehen zu müssen. Ich hörte sie sagen, so als brächte sie die Worte kaum heraus: »Du wirst ihn auf dem Gewissen haben, Zauberer.« Ich glaube, sie weinte, auch wenn sie nicht weinte – wie es Erwachsene eben tun.

Und ich hörte Schmendricks Antwort, und seine Stimme war so kalt, dass ich sie nicht erkannt hätte, hätte ich's nicht gewusst. »Er ist schon mal gestorben. Besser jener Tod – besser dieser, besser *jeder* Tod – als der, den er in diesem Stuhl zu sterben im Begriff war. Wenn ihn der Greif tötet, wird er ihm trotzdem das Leben gerettet haben.« Ich hörte die Tür zufallen.

Ich fragte Molly, so leise ich konnte: »Wie hat er das gemeint – dass der König schon mal gestorben ist?« Aber sie schob mich beiseite und ging zu König Lír, kniete sich vor ihm hin, hob die Arme und nahm seine Hand zwischen ihre Hände. Sie sagte: »Herr … Majestät … Freund … lieber Freund … erinnere dich. Oh, bitte, bitte, *erinnere* dich.«

Der alte Mann schwankte, legte aber die andere Hand auf Mollys Kopf und murmelte: »Kind, Sooz – war das dein hübscher Name, Sooz? –, natürlich werde ich mit in dein Dorf kommen. Der Greif ist noch nicht geschlüpft, der es ungestraft wagen könnte, sich an König Lírs Volk zu vergehen.« Er plumpste wieder auf den Stuhl, hielt ihre Hand aber weiter fest. Er sah sie an, die blauen Augen weit, die Lippen ein wenig zitternd. Er sagte: »Aber du musst mich erinnern, Kleines. Wenn ich … wenn ich mich verliere – wenn ich *sie* verliere –, musst du mich dran erinnern, dass ich immer noch suche, immer noch warte … dass ich sie nie vergessen habe, mich nie von all dem, was sie mich gelehrt hat, abgekehrt habe. Ich sitze hier … ich *sitze* … weil ein König nun mal sitzen muss … aber im Geist, in meinem armen Geist, bin ich immer noch bei *ihr* …«

Ich hatte keine Ahnung, wovon er sprach. Jetzt weiß ich es.

Dann schlief er wieder ein, hielt aber immer noch Mollys Hand. Sie blieb noch lange bei ihm sitzen, den Kopf auf sein Knie gelegt. Schmendrick ging hinaus, um sich zu vergewissern, dass Lisene tat, was sie tun sollte: alles für die Abreise des Königs vorbereiten. Es war schon jede Menge Poltern und Klappern und Rufen zu hören, so viel, dass man hätte meinen können, ein Krieg sei ausgebrochen, aber niemand kam herein, um König Lír zu sehen oder mit ihm zu sprechen, ihm Glück zu wünschen oder sonst was. Es war fast, als wäre er gar nicht da.

Ich für mein Teil versuchte, einen Brief nach Hause zu schreiben, den König und das Schloss zu schildern, schlief aber ebenfalls ein und schlief den ganzen restlichen Tag und die Nacht durch. Ich erwachte in einem Bett, ohne mich erinnern zu können, wie ich da hingekommen war, und Schmendrick guckte auf mich herab und sagte: »Hopp, Kind, aufstehen! Du hast diesen ganzen Aufruhr angezettelt – jetzt bring die Sache auch zu Ende. Der König kommt mit, um euren Greif zu töten.«

Ich war schon aus dem Bett, bevor er ausgeredet hatte. Ich sagte: »Jetzt? Brechen wir jetzt gleich auf?«

Schmendrick zuckte die Achseln. »Um die Mittagszeit, falls ich Lisene und den Übrigen klarmachen kann, dass sie *nicht* mitkommen. Lisene will fünfzig Bewaffnete mitschleppen, ein Dutzend Wagenladungen Proviant, ein Regiment Boten, um Nachrichten hin und her zu schicken, und jeden verflixten Arzt im ganzen Königreich.« Er hob seufzend die Hände. »Ich muss sie wahrscheinlich alle in Stein verwandeln, wenn wir heute noch loskommen wollen.«

Ich dachte, dass das wohl nur ein Scherz war, aber mir war schon klar, dass man das bei Schmendrick nie wissen konnte. Er sagte: »Wenn Lír mit einem ganzen Gefolge mitkommt, ist da kein Lír. Verstehst du, was ich meine, Sooz?« Ich schüttelte den Kopf. Schmendrick sagte: »Es ist meine Schuld. Wenn ich öfter hierhergekommen wäre, hätte ich etwas tun können, um den Lír wiederherzustellen, den Molly und ich einst kannten. Meine Schuld, meine Gedankenlosigkeit.«

Mir fiel wieder ein, wie Molly gesagt hatte: »Schmendrick hat Probleme mit der Zeit.« Ich wusste immer noch nicht, was sie damit gemeint hatte, und auch nicht, was das jetzt heißen sollte. Ich sagte: »So werden alte Leute nun mal. Wir haben bei uns im Dorf alte Männer, die genauso reden wie er. Und auch eine alte Frau, Mam Jennet. Sie weint immer, wenn es regnet.«

Schmendrick ballte die Faust und schlug sich damit ans Bein. »König Lír ist *nicht* verrückt, Mädchen, und er ist auch nicht senil, wie Lisene ihn genannt hat. Er ist *Lír,* immer noch Lír, das verspreche ich dir. Nur hier, in diesem Schloss, wo er von braven, treuen Leuten umgeben ist, die ihn lieben – die ihn zu Tode lieben werden, wenn man sie lässt –, nur hier verfällt er in … in den Zustand, den du gesehen hast.« Er sagte einen Moment nichts mehr, bückte sich dann ein wenig, um mich genauer zu mustern. »Hast du bemerkt, wie er sich verändert hat, sobald ich Einhörner erwähnte?«

»Ein Einhorn«, antwortete ich. »Ein Einhorn, das ihn geliebt hat. Ja, das ist mir aufgefallen.«

Schmendrick sah mich jetzt mit ganz neuen Augen an, als ob wir uns noch nie begegnet wären. Er sagte: »Verzeih, Sooz. Ich halte dich immer wieder für ein Kind. Ja. Ein Einhorn. Er hat sie nicht mehr gesehen, seit er König wurde, aber was er ist, ist er durch sie. Und wenn ich dieses Wort ausspreche, wenn Molly oder ich ihren Namen sagen – was ich noch nicht getan habe –, wird er wieder zu sich gerufen.« Er schwieg kurz, sagte dann noch ganz leise: »Wie wir es mit ihr so oft tun mussten, vor so langer Zeit.«

»Ich wusste nicht, dass Einhörner Namen haben«, sagte ich. »Ich wusste nicht, dass sie jemals Leute lieben.«

»Tun sie auch nicht. Nur dieses eine.« Er drehte sich um, ging rasch davon und sagte noch über die Schulter: »Ihr Name war Amalthea. Jetzt geh und such Molly, sie wird dafür sorgen, dass du etwas zu essen kriegst.«

Der Raum, in dem ich geschlafen hatte, war nicht groß, nicht für einen Raum in einem Schloss. Catania, die Vorsteherin unseres Dorfs, hat ein Schlafzimmer, das fast genauso groß ist, das weiß ich, weil ich manchmal mit ihrer Tochter Sophia spiele. Aber die Leintücher, in denen ich gelegen hatte, waren mit einer gestickten Krone verziert, und ins Kopfbrett war das blaue Banner mit dem Einhorn geschnitzt. Ich hatte die ganze Nacht in König Lírs Bett geschlafen, während er auf einem alten Holzstuhl vor sich hin döste.

Ich nahm mir nicht die Zeit, erst noch mit Molly zu

frühstücken, sondern lief direkt zu dem kleinen Raum, wo ich den König zuletzt gesehen hatte. Er war dort, aber so anders, dass ich wie erstarrt in der Tür stehen blieb und erst mal nach Luft schnappte. Drei Männer machten sich an ihm zu schaffen wie Schneider, legten ihm seine Rüstung an: zuerst die ganzen Polster, die drunter kamen, dann die verschiedenen Teile für die Arme, Beine und Schultern. Wie so was heißt, weiß ich nicht. Den Helm hatten ihm die Männer nicht aufgesetzt, sodass sein Kopf oben herausguckte, weißhaarig, großnasig und blauäugig, aber er sah trotzdem nicht lächerlich aus. Er sah aus wie ein Riese.

Als er mich sah, lächelte er, und es war ein warmes, fröhliches Lächeln, aber auch ein bisschen einschüchternd, fast schon ein bisschen schrecklich, so wie es sich angefühlt hatte, als ich den Greif am schwarzen Himmel glühen gesehen hatte. Es war das Lächeln eines Helden. So eins hatte ich noch nie gesehen. Er rief mir zu: »Kleines, komm, gürte mir mein Schwert um, wenn du magst. Es wäre mir eine Ehre.«

Die Männer mussten mir zeigen, wie das geht. Der Schwertgürtel war allein schon so schwer, dass er mir immer wieder aus den Fingern rutschte, und bei der Schnalle brauchte ich Hilfe. Aber das Schwert steckte ich allein in die Scheide, auch wenn ich beide Hände brauchte, um es hochzuheben. Als es reinglitt, machte es ein Geräusch, als ob eine schwere Tür zufiel. König Lír berührte mein Gesicht mit einem seiner eisernen Handschuhe und sagte: »Danke, Kleines. Wenn diese Klinge das nächste Mal gezogen wird, dann um dein Dorf zu befreien. Du hast mein Wort.«

Da kam Schmendrick herein, warf einen Blick auf das Ganze und schüttelte den Kopf. Er sagte: »Das ist das Absurdeste … Es sind vier Tagesritte – vielleicht fünf –, und es wird heiß genug werden, um einen Hummer auf einem Eisberg zu braten. Er braucht keine Rüstung, ehe er dem Greif gegenübersteht.« Man merkte, für wie dumm er sie alle hielt, aber König Lír lächelte ihn genauso an, wie er mich angelächelt hatte, und Schmendrick war still.

König Lír sagte: »Alter Freund, ich ziehe aus, wie ich zurückzukehren gedenke. Das ist nun mal meine Art.«

Einen Moment lang sah Schmendrick selbst aus wie ein kleiner Junge. Alles, was er herausbrachte, war: »Deine Sache. Nur gib mir nicht die Schuld. Und lass *wenigstens* den Helm ab.«

Er wollte sich umdrehen und hinausstapfen, aber Molly trat hinter ihm heran und sagte: »Oh, Majestät – Lír –, wie imposant! Wie wunderschön du bist!« Es klang, wie wenn meine Tante Zerelda über meinen Bruder Wilfrid in Verzückung ausbricht. Er könnte sich im Schweinekoben suhlen und seine ganze Hose verdrecken, und Tante Zerelda würde immer noch finden, dass er der großartigste und gescheiteste Junge der Welt ist. Aber Molly war anders. Sie fegte diese Schneider, oder was es für Leute waren, einfach beiseite und stellte sich auf die Zehenspitzen, um König Lírs weißes Haar glatt zu streichen, und ich hörte sie flüstern: »Ich wollte, *sie* könnte dich sehen.«

König Lír blickte sie eine ganze Weile an, ohne was zu sagen. Schmendrick stand daneben und sagte auch nichts, aber sie waren alle drei zusammen. Ich wollte, Felicitas und ich hätten die Zeit gekriegt, im Alter auch so zusammen zu sein. Dann sah König Lír zu *mir* herüber und sagte:

»Das Kind wartet.« Und so machten wir uns auf den Weg zu mir nach Hause. Der König, Schmendrick, Molly und ich.

Bis zum letzten Moment versuchte die arme alte Lisene noch, König Lír dazu zu bringen, dass er ein paar Ritter oder Soldaten mitnahm. Sie lief uns sogar noch hinterher, als wir losritten, und rief: »Hoheit – Majestät –, wenn du sonst niemanden mitnehmen willst, nimm mich mit! Nimm mich mit!« Da hielt der König an, wendete sein Pferd und ritt zu ihr zurück. Er stieg ab und umarmte Lisene, und ich weiß nicht, was sie zueinander sagten, aber danach folgte uns Lisene nicht mehr.

Ich ritt die meiste Zeit beim König mit, vor ihm auf seiner tänzelnden schwarzen Stute. Ich wusste nicht recht, ob ich ihr trauen konnte, dass sie mich nicht beißen oder treten würde, wenn ich nicht hinguckte, aber König Lír erklärte mir: »Sei versichert, nur Friedenszeiten machen sie nervös. Wenn Drachen gegen sie anstürmen mit ihrem tödlichen Rülpsen – denn die Dämpfe sind gefährlicher als die Flammen, Kleines –, wenn dein Greif auf sie herabstößt, dann wirst du sie von ihrer besten Seite erleben.« Ich mochte sie immer noch nicht besonders, aber den König mochte ich. Er sang mir keine Liedchen vor so wie Schmendrick, aber er erzählte mir Geschichten, und das waren keine Sagen oder Märchen. Es waren wahre Geschichten, und er wusste, dass sie wahr waren, weil er sie alle selbst erlebt hatte! Solche Geschichten hatte ich noch nie gehört und werde ich nie wieder hören. Das weiß ich mit Sicherheit.

Er erklärte mir, was man noch alles bedenken muss, wenn man gegen einen Drachen zu kämpfen hat, und wie er gelernt hatte, dass Oger nicht immer so dumm sind, wie sie aussehen, und warum man nie während der Schneeschmelze in einem Bergsee schwimmen soll und wie man sich *manchmal* mit einem Troll anfreunden kann. Er sprach vom Schloss seines Vaters, wo er aufgewachsen war, und davon, wie er dort Schmendrick und Molly kennengelernt hatte, und sogar von Mollys Katze, die, wie er sagte, ein kleines Ding mit einem lustigen verkrümmten Ohr gewesen sei. Aber als ich ihn fragte, warum das Schloss eingestürzt sei, wollte er mir's nicht erzählen, so wenig wie Schmendrick. Seine Stimme wurde ganz leise und fern. »Ich vergesse Dinge, Kleines«, sagte er. »Ich versuche, sie festzuhalten, aber ich vergesse sie doch.«

Na ja, das war mir schon klar. Er nannte Molly die ganze Zeit Sooz, und mich nannte er nie anders als *Kleines,* und Schmendrick musste ihn immer wieder dran erinnern, wo wir hinwollten und warum. Aber so war er nur nachts. Tagsüber war mit ihm meistens alles in Ordnung. Und wenn er dann wieder verwirrt war und davonwanderte (nicht nur innerlich – einmal fand ich ihn nachts im Wald, wo er mit einem Baum redete, als wäre der sein Vater), brauchte man nur ein weißes Einhorn namens Amalthea zu erwähnen, und schon fand er wieder zu sich. Meistens war es Schmendrick, der das machte, aber dieses eine Mal holte ich ihn zurück, und er hielt meine Hand und erklärte mir, woran man einen Puka erkennt und warum das wichtig ist. Aber ich brachte ihn nie dazu, auch nur ein Wort über das Einhorn zu sagen.

Da, wo ich lebe, kommt der Herbst früh. Tagsüber war es immer noch heiß, und der König wollte außer zum Schlafen nie seine Rüstung ablegen, nicht mal den Helm mit dem großen blauen Helmbusch darauf, aber nachts kroch ich zwischen Molly und Schmendrick, um es wärmer zu haben, und die ganze Zeit hörte man überall Hirsche röhren, ganz wild wegen der Brunftzeit. Einer griff sogar König Lírs Pferd an, während ich mit drauf saß, und Schmendrick wollte schon irgendeinen Zauber gegen den Hirsch einsetzen, so wie damals gegen die Krähe. Aber der König lachte und ritt geradewegs auf den Hirsch los, genau in dieses spitze Geweih. Ich schrie auf, aber die schwarze Stute zögerte keinen Moment, und schließlich drehte der Hirsch ab, schritt gemächlich davon und verschwand im Gesträuch. Er bewegte den Schwanz im Kreis, so wie es Ziegen tun, und guckte genauso verwirrt und träumerisch wie König Lír.

Ich war stolz, als ich den Schreck erst mal überwunden hatte. Aber Schmendrick und Molly schimpften mit ihm, und den Rest des Tages entschuldigte er sich andauernd bei mir, weil er mich in Gefahr gebracht hatte, wie Molly es damals befürchtet hatte. »Ich hatte vergessen, dass du bei mir warst, Kleines, und dafür werde ich dich immer um Verzeihung bitten.« Dann lächelte er mich an, mit diesem wunderbaren schrecklichen Heldenlächeln, das ich schon kannte, und sagte: »Aber, ach, Kleines, das Erinnern!« Und in dieser Nacht streunte er nicht davon, verlief sich nicht. Er saß vielmehr fröhlich mit uns am Feuer und sang ein ganzes langes Lied über die Abenteuer eines Gesetzlosen namens Captain Cully. Von dem hatte ich noch nie gehört, aber das Lied ist richtig gut.

Wir erreichten mein Dorf am Spätnachmittag des vierten Tages, und bevor wir hineinritten, ließ Schmendrick uns alle noch mal anhalten. Er sah mich an und sagte:

»Sooz, wenn du ihnen sagst, dass das hier der König persönlich ist, gibt es nur Lärm und Jubel und Feiereien, und bei dem ganzen Wirbel findet niemand Ruhe. Es ist besser, du sagst ihnen, wir hätten König Lírs berühmtesten Ritter mitgebracht und er brauche eine Nacht, um sich im Gebet und in der Kontemplation zu läutern, ehe er sich eures Greifs annimmt.« Er fasste mich am Kinn und zwang mich, in seine grünen, grünen Augen zu schauen, und sagte: »Mädchen, du musst mir vertrauen. Ich weiß immer, was ich tue – das ist mein Problem. Sag deinen Leuten, was ich eben gesagt habe.« Und Molly berührte mich und sah mich an, ohne etwas zu sagen, und da wusste ich, es war richtig so.

Ich ließ sie in ihrem Lager am Rand des Dorfs zurück und ging allein nach Hause. Malka begrüßte mich als Erste. Sie roch mich, noch bevor ich bei der Schänke von Simon und Elsie war, und kam angerannt, prallte mir genau gegen die Beine, warf mich um, drückte mich zu Boden, die Pfoten auf meinen Schultern, und leckte mir das Gesicht, bis ich sie in die Nase zwicken musste, damit sie mich aufstehen ließ und mit mir nach Hause lief. Mein Vater war draußen bei der Herde, aber meine Mutter und Wilfrid waren da, und sie packten mich und erwürgten mich beinah und weinten – selbst der gemeine, blöde Wilfrid! –, weil alle so sicher gewesen waren, dass mich der Greif geholt und gefressen hatte. Danach, als sie genug geweint hatte, versohlte mich meine Mutter, weil ich einfach auf Onkel Ambroses Wagen weggefahren war, ohne jemandem was zu sagen, und als mein Vater heimkam, versohlte er mich auch noch mal. Aber das machte mir nichts aus.

Ich erzählte ihnen, dass ich König Lír leibhaftig gesehen hatte und auf seinem Schloss gewesen war, und ich sagte, was mir Schmendrick aufgetragen hatte, aber darüber war niemand sonderlich froh. Mein Vater setzte sich einfach nur hin und stöhnte: »Oh, natürlich – noch ein berühmter Ritter, uns zur Hilfe und dem Greif zur Nachspeise. Euer verfluchter König wird seine verfluchte Person nie hierherbemühen, da könnt ihr euch sicher sein.« Meine Mutter tadelte ihn, weil er vor Wilfrid und mir so was sagte, aber er fuhr fort: »Vielleicht hat's ihn ja mal gekümmert, was mit Orten wie diesem, mit Leuten wie uns ist, aber jetzt ist er alt, und alte Könige kümmert nur noch, wer nach ihnen König wird. Da könnt ihr mir nichts erzählen.«

Ich hätte nichts lieber getan, als ihnen zu sagen, dass König Lír hier war, keine halbe Meile von unserer Tür, aber ich tat es nicht, und nicht nur, weil Schmendrick gesagt hatte, ich solle es nicht tun. Ich war mir nicht sicher, was Leute wie mein Vater vom König halten würden, wenn sie ihn sähen – weißhaarig, zittrig und die ganze Zeit nicht richtig da. Ich wusste ja nicht mal, was ich selbst von ihm hielt. Er war ein netter, vornehmer alter Mann, der wundervolle Geschichten erzählte, aber wenn ich ihn mir vorzustellen versuchte, wie er allein in den Midwood ritt, um mit einem Greif zu kämpfen, einem Greif, der seine besten Ritter gefressen hatte … Ich konnte es, ehrlich gesagt, nicht. Jetzt, wo ich ihn tatsächlich mit hierhergebracht hatte, wie es mein Ziel gewesen war, hatte ich plötzlich Angst, ihn in den Tod geschleppt zu haben. Und ich wusste, das würde ich mir nie verzeihen.

In dieser Nacht wünschte ich mir so sehr, sie zu sehen,

Schmendrick, Molly und den König. Ich wünschte mir, dort draußen mit ihnen auf dem Boden zu schlafen und ihren Gesprächen zuzuhören und dann vielleicht nicht so viel Angst vor dem Morgen zu haben. Aber das ging natürlich nicht. Meine Familie ließ mich kaum so lange aus den Augen, dass ich mir das Gesicht waschen konnte. Wilfrid folgte mir auf Schritt und Tritt, stellte endlose Fragen nach dem Schloss, und mein Vater brachte mich zu Catania, die mich die ganze Geschichte noch mal erzählen ließ und sich dann mit ihm einig war, dass der Ritter, den der König diesmal geschickt hatte, wer er auch sein mochte, sicher auch nicht mehr ausrichten würde als die anderen. Und meine Mutter stopfte mich mit Essen voll, schimpfte mit mir und drückte mich, alles mehr oder weniger gleichzeitig. Und dann, in der Nacht, hörten wir den Greif, wieder diesen gedämpften, einsamen, schrecklichen Laut, den er von sich gab, wenn er jagte. Bei alldem kam ich natürlich nicht viel zum Schlafen.

Doch bei Sonnenaufgang, nachdem ich Wilfrid geholfen hatte, die Ziegen zu melken, ließen sie mich zum Lager der drei gehen, solange nur Malka mitkam, was praktisch so war, als wäre meine Mutter dabei. Molly half König Lír bereits, seine Rüstung anzulegen, und Schmendrick vergrub die Reste vom gestrigen Abendessen, als ob es der Anfang eines ganz normalen Tages auf ihrer Reise irgendwohin wäre. Sie begrüßten mich, und Schmendrick dankte mir dafür, dass ich mich an seine Bitte gehalten hätte, sodass der König eine erholsame Nacht gehabt habe, ehe er …

Ich ließ ihn nicht ausreden. Ich wusste nicht, dass ich es vorhatte, ich schwör's, aber ich rannte zu König Lír, warf mich an ihn und sagte: »Geh nicht! Ich hab's mir anders überlegt, geh nicht!« Genau wie Lisene.

König Lír guckte auf mich runter. In dem Moment schien er so groß wie ein Baum, und er tätschelte mir mit seinem Eisenhandschuh ganz sachte den Kopf. Er sagte: »Kleines, ich habe einen Greif zu töten. Das ist meine Aufgabe.«

Was ja genau das war, was ich selbst gesagt hatte, wenn es auch Jahre her schien, und das machte es noch viel schlimmer. Ich sagte zum zweiten Mal: »Ich hab's mir anders überlegt! Jemand anders kann gegen den Greif kämpfen, du musst es nicht tun! Du kannst nach Hause gehen! Geh nach Hause, jetzt *sofort*, und leb dein Leben und sei der König und alles ...« Ich stammelte und weinte und benahm mich überhaupt wie ein Wickelkind, das ist mir klar. Nur gut, dass Wilfrid mich nicht sah.

König Lír tätschelte mich mit einer Hand weiter und versuchte, mich mit der anderen von sich wegzuzerren, aber ich ließ nicht los. Ich glaube, ich versuchte sogar, sein Schwert aus der Scheide zu ziehen, um es ihm wegzunehmen. Er sagte: »Nein, nein, Kleines, das verstehst du nicht. Es gibt Ungeheuer, die nur ein König töten kann. Ich habe das immer gewusst – nie, niemals hätte ich diese armen Männer statt meiner in den Tod schicken dürfen. Niemand sonst kann das für dich und dein Dorf tun. Es ist wirklich und wahrhaftig meine Aufgabe.« Und er küsste mir die Hand, wie er die Hände so vieler Königinnen geküsst haben musste. Genauso küsste er auch meine Hand.

Dann kam Molly herbei und holte mich von ihm weg. Sie zog mich an sich und strich mir übers Haar und erklärte mir: »Kind, Sooz, es gibt jetzt kein Zurück mehr, für ihn nicht und auch nicht für dich. Es war deine Bestimmung, dieses letzte Unterfangen an ihn heranzutragen, und es war seine Bestimmung, es zu übernehmen, und keiner von euch beiden hätte etwas anderes tun können, weil ihr nun mal seid, wer ihr seid. Und jetzt musst du genauso tapfer sein wie er und mit ansehen, wie es sich vollzieht.« Sie unterbrach sich, setzte noch mal an: »Oder vielmehr, du musst warten, bis du erfährst, wie es sich vollzogen hat, denn du wirst ganz gewiss nicht mit in diesen Wald gehen.«

»Ich gehe mit«, sagte ich. »Ihr könnt mich nicht davon abhalten. Niemand kann mich davon abhalten.« Ich weinte jetzt nicht und gar nichts. Ich sagte es einfach nur.

Molly hielt mich auf Armeslänge von sich und schüttelte mich ein bisschen. Sie sagte: »Sooz, wenn du mir sagen kannst, dass deine Eltern es erlaubt haben, kannst du mitkommen. Haben sie's erlaubt?«

Ich antwortete nicht. Sie schüttelte mich wieder, diesmal sachter, und sagte: »Oh, das war gemein von mir, verzeih mir, liebe Freundin. Ich wusste schon an dem Tag, an dem wir uns begegnet sind, dass du nie lernen könntest zu lügen.« Dann nahm sie meine Hände zwischen ihre und sagte: »Führe uns zum Midwood, Sooz, wenn du magst, und dort verabschieden wir uns dann. Tust du das für uns? Für mich?«

Ich nickte, sagte aber immer noch nichts. Ich konnte nicht, meine Kehle tat zu weh. Molly drückte meine Hände und sagte: »Danke.« Schmendrick kam herbei und gab ihr wohl irgendein Zeichen mit den Augen oder den Augenbrauen, denn sie sagte: »Ja, ich weiß«, obwohl er kein Wort gesagt hatte. Also ging sie mit ihm zu König Lír, und ich war allein und versuchte, das Zittern abzustellen. Nach einer Weile schaffte ich es auch.

Zum Midwood ist es nicht weit. Sie hätten ihn auch ohne meine Hilfe finden können. Man sieht den Rand vom Dach des Bäckers Ellis, dessen Haus das höchste auf dieser Seite des Dorfs ist. Der Midwood ist immer finster, auch von weitem, auch wenn man gar nicht drin ist. Ich weiß nicht, ob es daran liegt, dass es alles Eichen sind (bei uns gibt es alle möglichen Sagen und Spruchweisheiten über Eichenwälder und die Wesen, die dort leben), oder an irgendeinem Zauber oder an dem Greif. Vielleicht war es ja anders, bevor der Greif kam. Onkel Ambrose sagt, der Midwood war schon zeit seines Lebens ein böser Ort, aber mein Vater sagt, nein, er und seine Freunde hätten dort früher gejagt, und anscheinend hat er sogar ein-, zweimal mit meiner Mutter dort gepicknickt, als sie jung waren.

König Lír ritt vorneweg, wirkte majestätisch und fast schon jung mit dem hocherhobenen Kopf und dem wehenden blauen Helmbusch, der mehr wie eine Fahne aussah. Ich wollte mit Molly reiten, aber der König beugte sich herab, als ich an ihm vorbeiging, hob mich vor sich in den Sattel und sagte: »Du sollst mich führen, Kleines, und mir Gesellschaft leisten, bis wir am Wald sind.« Darauf war ich stolz, aber ich hatte auch Angst, weil er so guter Dinge war und weil ich wusste, er zog in den Tod, wenn er jetzt gutmachen wollte, dass er all diese Ritter in den Kampf gegen den Greif geschickt hatte. Ich versuchte nicht, ihn zu warnen. Er hätte es sowieso nicht gehört, auch das war mir klar. Mir und der armen alten Lisene.

Im Reiten erzählte er mir von dem Greif. Er sagte: »Wenn du je mit einem Greif zu tun haben solltest, Kleines, musst du dran denken, dass sie nicht wie Drachen sind. Ein Drache ist einfach nur ein Drache – duck dich, wenn er auf dich losgeht, aber halte stand und führe das Schwert gegen seine Bauchseite, dann hast du schon gewonnen. Aber ein Greif, nun ja … ein Greif, das sind zwei höchst unterschiedliche Kreaturen, Adler und Löwe, die irgendein humorvoller Gott miteinander verschmolzen hat. Und deshalb schlägt in dem Untier ein Adlerherz, aber auch ein Löwenherz, und du musst sie beide durchbohren, wenn du irgendwelche Aussichten haben willst, den Kampf zu überleben.« Er war dabei ganz fröhlich, hielt mich sicher im Sattel und sagte immer wieder, wie es alte Leute tun: »Zwei Herzen, vergiss das nie – viele Leute vergessen es. Adlerherz, Löwenherz – Adlerherz, Löwenherz. Vergiss das *niemals,* Kleines.«

Wir kamen an vielen Leuten vorbei, die ich kannte und die draußen bei ihren Schafen und Ziegen waren, und sie winkten und riefen mir alle zu und machten Witze und dergleichen. Sie jubelten König Lír zu, verbeugten sich aber nicht vor ihm und nahmen auch nicht die Mützen ab, weil sie ihn ja nicht erkannten, nicht wussten, dass er es war. Er schien Vergnügen daran zu haben, was wohl nicht jeder König hätte. Aber ich kenne ja außer ihm keinen König, also weiß ich es nicht.

Der Midwood schien schon nach uns zu greifen, als wir noch längst nicht dort waren, lange Schattenfinger, die sich über die kahlen Felder streckten, und die Blätter flirrten und blinkten, obwohl kein Wind war. Normalerweise ist ein Wald richtig laut, wenn man still stehen bleibt und nach den Vögeln, Insekten, Bächen und allem horcht, aber der Midwood ist immer still, ganz still. Diese Stille greift auch nach einem.

Einen Steinwurf vom Wald machten wir halt, und König Lír sagte zu mir: »Hier trennen sich unsere Wege, Kleines«, und setzte mich ab, so vorsichtig, als ob er einen Vogel wieder ins Nest setzte. Er sagte zu Schmendrick: »Ich bin nicht so naiv, dich und Sooz davon abhalten zu wollen, mir zu folgen« – er nannte Molly immer noch bei meinem Namen, jedes Mal, warum, weiß ich nicht –, »aber ich ermahne euch dringend, im Namen des großen Nikos selbst und im Namen unserer langen, kostbaren Freundschaft …« Er hielt inne und sagte so lange nichts mehr, dass ich schon Angst hatte, er hätte wieder vergessen, wer er war und was er hier wollte, wie schon so oft. Aber dann fuhr er fort, so klar und tönend wie einer von diesen verrückten Hirschen: »Ich erkläre es in *ihrem* Namen, im Namen der Lady Amalthea, für eure Pflicht, mir von dem Moment an, da wir den ersten Baum passieren, in keiner Weise beizustehen, sondern mir allein zu überlassen, was meine Aufgabe ist. Haben wir uns verstanden, meine Herzensfreunde?«

Schmendrick ging das gegen den Strich. Man brauchte keine Zauberkräfte, um es zu erkennen. Es war selbst für mich ganz offensichtlich, dass er vorgehabt hatte, den Kampf zu übernehmen, sobald sie dem Greif tatsächlich gegenüberstünden. Aber König Lír sah ihn an, mit diesen jungen blauen Augen und einem leisen Lächeln, und Schmendrick wusste einfach nicht, was tun. Er *konnte* ja auch nichts tun, also nickte er schließlich und murmelte: »Wenn Majestät wünschen.« Der König konnte es beim ersten Mal nicht verstehen und ließ ihn die Worte wiederholen.

Und dann mussten sich natürlich alle von mir verabschieden, weil ich ja nicht weiter mitdurfte. Molly sagte, sie wisse, wir würden uns wiedersehen, und Schmendrick erklärte, ich hätte das Zeug zu einer echten Kriegerkönigin, sei aber gewiss zu schlau, um eine zu werden. Und König Lír … König Lír sagte zu mir, ganz leise, sodass es sonst niemand hören konnte: »Kleines, wenn ich verheiratet wäre und eine Tochter hätte, dann hätte ich nur den einen Wunsch, dass sie so tapfer und liebenswürdig und treu wäre wie du. Denk immer dran, so wie ich bis an mein Lebensende an dich denken werde.«

Was ja alles sehr nett war, und ich wünschte, meine Eltern hätten hören können, was all diese Erwachsenen über mich sagten. Aber dann wendeten sie ihre Pferde und ritten in den Midwood, alle drei, und nur Molly drehte sich noch mal um. Und ich glaube, das tat sie nur, um sich zu vergewissern, dass ich ihnen nicht folgte, denn ich sollte ja jetzt einfach nach Hause gehen und warten, bis ich erfuhr, ob meine Freunde noch lebten oder tot waren und ob der Greif noch mehr Kinder fressen würde. Es war aus und vorbei.

Und vielleicht wäre ich ja nach Hause gegangen und hätte es aus und vorbei sein lassen, wenn Malka nicht gewesen wäre.

Sie hätte natürlich bei den Schafen sein sollen und nicht bei mir – das ist ihre Aufgabe, so wie König Lír seine Aufgabe erfüllte, indem er dem Greif entgegenzog. Aber Malka hält mich auch für ein Schaf, das dümmste, lästigste Schaf, das sie je zu hüten hatte, weil es immer davonstreunt, in irgendeine Gefahr. Den ganzen Weg bis zum Midwood war sie ruhig neben dem Pferd des Königs hergetrottet, aber jetzt, wo wir allein waren, kam sie angerannt und sprang an mir hoch, bellte wie Donnerhall und warf mich um, wie sie es immer tut, wenn ich nicht da bin, wo sie mich haben will. Ich stemme immer schon fest die Füße in den Boden, wenn ich sie kommen sehe, aber es nützt nie was.

Und dann, noch ehe ich wieder richtig auf den Beinen bin, fasst sie den Saum meines Kittels mit den Zähnen und zieht mich in die Richtung, in die ich ihrer Meinung nach gehen soll. Aber diesmal … diesmal richtete sie sich plötzlich auf, als ob sie mich ganz vergessen hätte, und starrte an mir vorbei in den Midwood, und das Weiße ihrer Augen war zu sehen, und aus ihrem Inneren kam ein tiefes Geräusch, von dem sie wohl gar nicht wusste, dass sie es machen konnte. Im nächsten Moment war sie auf und davon, raste in den Wald, dass ihr der Schaum vom Maul flog, die großen schartigen Ohren ganz angelegt. Ich rief, aber sie konnte mich gar nicht hören, weil sie so laut bellte.

Und da hatte ich keine Wahl. König Lír und Schmendrick und Molly hatten alle die Wahl, ob sie sich auf die Jagd nach dem Midwood-Greif machen wollten, aber Malka war mein Hund, und sie wusste nicht, womit sie es da aufnahm, und ich *konnte* sie's nicht allein damit aufnehmen lassen. Also blieb mir nichts anderes übrig. Ich holte ganz tief Luft, sah mich um und ging ihr dann nach in den Wald.

Oder vielmehr rannte ihr nach, solange ich konnte, ging dann, bis ich wieder rennen konnte, und rannte dann wieder ein Stück. In den Midwood führen keine Wege, weil dort niemand reingeht, deshalb war nicht schwer zu erkennen, wo sich die drei Pferde durchs Unterholz gezwängt hatten – die Hufabdrücke und darüber die Spur eines Hundes. Es war ganz ruhig, kein Wind, kein einziger Vogelruf, gar kein Geräusch außer meinem eigenen Atem. Nicht mal Malka hörte ich mehr. Ich hoffte, sie hätten den Greif vielleicht im Schlaf überrascht und König Lír hätte ihn bereits im Nest getötet. Aber das glaubte ich nicht. Er hätte wahrscheinlich befunden, dass es unehrenhaft war, einen schlafenden Greif zu attackieren, und ihn zuerst aufgeweckt, damit es einen fairen Kampf gab. Ich kannte ihn noch nicht sehr lange, wusste aber, wie er sich verhalten würde.

Dann, ein Stück vor mir, explodierte der Wald.

Es war zu viel Lärm, um alle Bestandteile auszumachen. Da war Malka, die *heulte*, und das Geräusch von Vögeln, die überall aus dem Gesträuch stoben, und Schmendrick oder der König oder jemand rief etwas, aber ich konnte kein Wort verstehen. Und unter alldem war etwas, das gar nicht laut war, etwas zwischen einem Grollen und diesem schrecklichen, gedämpften Schrei wie von einem verängstigten Kind. Dann – als ich gerade auf die Lichtung hinausbrach – das Klappern und Schaben von Messern, nur diesmal lauter, als der Greif steil emporschoss, die Sonne auf den Schwingen. Seine kalten goldenen Augen *stachen* in meine, und sein Schnabel war so weit aufgerissen, dass man hinabgucken konnte in den flammend roten Schlund. Er füllte den ganzen Himmel.

Und König Lír auf seiner schwarzen Stute füllte die ganze Lichtung. Er war so riesig wie der Greif, und sein

Schwert war so groß wie eine Saufeder, und er schwenkte es zu dem Greif empor, forderte ihn heraus, zu landen und am Boden zu kämpfen. Aber der Greif hielt sich außer seiner Reichweite, kreiste, um sich diese fremden neuen Leute von oben anzusehen. Malka war völlig außer sich, kläffte und schnellte immer wieder in die Luft, schnappte nach den Löwentatzen und Adlerklauen des Greifs, bekam aber nie auch nur eine einzige Eisenfeder zu fassen. Ich stürzte hin, fing sie noch im Sprung ein und versuchte, sie wegzuziehen, ehe der Greif sie angriff, aber sie wehrte sich, kratzte mich mit ihren stumpfen Hundekrallen, bis ich sie loslassen musste. Bei ihrem letzten Sprung blieb der Greif plötzlich in der Luft stehen und erwischte mit einem Riesenflügel ihre Flanke, so fest, dass sie keinen Laut hervorbrachte, so wenig wie ich. Sie flog über die ganze Lichtung, krachte gegen einen Baum, fiel zu Boden und rührte sich nicht mehr.

Molly erzählte mir später, dass das der Moment war, in dem König Lír nach dem Löwenherz des Greifs stach. Ich habe es nicht gesehen. Ich flog selbst über die Lichtung, warf mich über Malka, für den Fall, dass der Greif ihr nachsetzte, und sah nichts als ihre starren Augen und das Blut an ihrer Flanke. Aber ich hörte den Greif brüllen, als es passierte, und als ich dann den Kopf drehte, sah ich das Blut, das über *seine* Flanke spritzte, und die eng an den Bauch gezogenen Hinterbeine, so wie man es macht, wenn man richtig große Schmerzen hat. König Lír jubelte wie ein Junge. Er warf das mächtige Schwert bis auf Höhe des Greifs empor und fing es wieder, stürmte dann auf den Greif los, als der immer tiefer herabtaumelte, weil ihn die versehrte Löwenhälfte zu Boden zog. Er landete mit einem dumpfen Schlag wie Malka, und einen Moment lang war ich mir ganz sicher, dass er tot war. Ich weiß noch, wie ich irgendwo weit weg dachte, *das ist gut, ich bin froh, bestimmt bin ich froh.*

Aber Schmendrick schrie dem König zu: »Zwei Herzen! *Zwei Herzen!*«, bis seine Stimme überschnappte, und Molly war auf mir und versuchte, mich vor dem Greif wegzuziehen, und ich klammerte mich an Malka – sie war auf einmal so schwer –, und ich weiß nicht, was in dem Moment sonst noch passierte, denn alles, was ich sah und woran ich dachte, war Malka. Und das Einzige, was ich fühlte, war, dass ihr Herz unter meinem nicht schlug.

Sie hat meine Wiege bewacht, als ich neugeboren war. Ich grub meine Zähne in ihre armen Ohren, aber sie gab nie einen Laut von sich. Sagt meine Mutter.

König Lír sah und hörte keinen von uns. Für ihn gab es auf der Welt nichts als den Greif, der jetzt in der Mitte der Lichtung schief und schwerfällig mit den Flügeln schlug und emporzukommen suchte. Ich konnte nichts machen, er tat mir leid, selbst jetzt, selbst nachdem er Malka und meine Freunde getötet hatte und all die Schafe und Ziegen und wer weiß wen noch alles. Und König Lír ging es wohl genauso, denn er stieg von seiner schwarzen Stute, ging geradewegs auf den Greif zu und sprach mit ihm, wobei er die Schwertspitze auf den Boden senkte. Er sagte: »Du warst ein edler und fürchtenswerter Gegner – gewiss der letzte, gegen den ich antreten werde. Wir haben beide das getan, wofür wir geboren wurden. Ich danke dir für deinen Tod.«

Und bei diesem letzten Wort packte ihn der Greif.

Es war der Adler, der sich auf ihn stürzte und die Löwenhälfte mitzerrte, so wie ich an Malkas leblosem Körper gezerrt hatte. König Lír wich zurück und schwang schnell das Schwert, um dem Greif den Kopf abzuschlagen, aber das Ungeheuer war schneller. Dieser fürchterliche Schnabel packte ihn in der Taille, schnitt durch die Rüstung wie eine Axt durch eine Pastetenkruste, und ohne einen Laut, den ich gehört hätte, klappte der König vornüber und hing da wie ein nasses Wäschestück. Da war Blut und Schlimmeres, und ich hätte nicht sagen können, ob er tot war oder noch am Leben. Ich dachte, der Greif würde ihn mittendurch beißen.

Ich schüttelte Molly ab. Sie rief gerade Schmendrick zu, er solle doch irgendwas *tun*, aber natürlich konnte er nichts tun, und das wusste sie auch, denn er hatte ja König Lír versprochen, sich nicht mit Zauberkräften einzumischen, was auch immer geschehen würde. Aber ich war keine Zauberin und hatte niemandem irgendwas versprochen. Ich sagte Malka, ich sei gleich wieder da.

Der Greif sah mich nicht kommen. Er hatte jetzt den Kopf über König Lír gebeugt, verbarg ihn mit den Flügeln. Die Löwenhälfte, die so schlaff im Staub schleifte, machte den Anblick noch fürchterlicher, ich kann nicht sagen, warum, und er gab die ganze Zeit eine Art Gurren und Purren von sich. Ich hielt in der linken Hand einen großen Stein und in der rechten einen abgestorbenen Ast, und ich brüllte irgendwas, weiß aber nicht mehr, was. Manchmal kann man Wölfe von der Herde wegscheuchen, wenn man so entschlossen auf sie zurennt.

Ich kann mit beiden Händen feste werfen – das musste Wilfrid schon feststellen, als ich noch klein war –, und der Greif sah jäh auf, als ihn der Stein seitlich am Hals traf. Das gefiel mir gar nicht, aber er war viel zu sehr mit König Lír beschäftigt, um sich um mich zu kümmern. Ich glaubte keinen Moment, dass mein Ast selbst gegen einen halbtoten Greif irgendetwas ausrichten könnte, warf ihn aber so weit von mir, wie ich konnte, damit der Greif kurz wegguckte, und sobald er es tat, rannte ich los und hechtete nach dem Griff von König Lírs Schwert, der unter seinem hingesunkenen Körper hervorguckte. Ich wusste, ich konnte das Schwert hochheben, weil ich es ihm ja umgegürtet hatte, bevor wir aufgebrochen waren.

Doch ich bekam es nicht unter ihm hervor. Er war zu schwer, genau wie Malka. Aber aufgeben und loslassen kam nicht in Frage. Ich zog und zog an diesem Schwert und spürte gar nicht, dass Molly wieder an mir zog, und merkte auch nicht, dass der Greif jetzt über König Lír hinweg auf mich zukroch. Schmendrick hörte ich, ganz weit weg, und ich dachte, dass er wieder eins von den albernen Liedchen sang, die er sich für mich ausdachte, aber warum sollte er das gerade jetzt tun? Dann hob ich schließlich den Kopf, um mir das schweißnasse Haar aus dem Gesicht zu streichen, und fast im selben Moment packte mich der Greif mit einer seiner Klauen, riss mich von Molly weg und warf mich auf König Lír. Seine Rüstung war so kalt an meiner Wange, es war, als ob sie mit ihm gestorben wäre.

Der Greif sah mir in die Augen. Das war das Allerschlimmste, schlimmer als der Schmerz dort, wo mich seine Klaue gepackt hielt, schlimmer noch, als meine Eltern und den blöden Wilfrid nie wiederzusehen, schlimmer, als zu wissen, dass ich weder den König noch Malka hatte retten können. Greife vermögen nicht zu sprechen (Drachen schon, aber nur mit Helden, hatte mir König Lír erklärt), doch diese goldenen Augen sagten zu meinen Augen: »Ja, ich werde bald sterben, aber ihr seid jetzt schon tot, alle miteinander, und ich werde eure Knochen blank picken, ehe die Raben meine kriegen. Und eure Leute werden sich noch daran erinnern, wer ich war und was ich ihnen getan habe, wenn in eurem elenden, erbärmlichen Ameisenhaufen niemand mehr eure Namen kennt. Also habe ich gewonnen.« Und ich wusste, es stimmte.

Da war nichts außer diesem Schnabel und dem flammenden Schlund, der sich über mir öffnete.

Dann war da doch etwas.

Ich hielt es für eine Wolke. Ich war so benommen und zu Tode verängstigt, dass ich wirklich dachte, es wäre eine weiße Wolke, eine, die so tief und schnell dahinzog, dass sie den Greif von König Lír und mir wegschleuderte und mich gleichzeitig in Mollys Arme warf. Molly hielt mich so fest, dass sie mich fast erdrückte, und erst als ich meinen Kopf loswand, sah ich, was da gekommen war. Im Geist sehe ich es immer noch. Auch jetzt.

Sie haben überhaupt keine Ähnlichkeit mit Pferden. Ich weiß nicht, wie die Leute darauf kommen. Vier Beine und ein Schweif, ja, aber die Hufe sind gespalten wie bei einem Reh oder einer Ziege, und der Kopf ist kleiner und – *spitzer* – als bei einem Pferd. Und der ganze Körper ist anders, es ist, als ob man sagen würde, eine Schneeflocke sieht aus wie eine Kuh. Das Horn wirkt zu lang und zu schwer für den Körper, man kann sich nicht vorstellen, wie so ein zarter Hals ein so großes Horn oben halten kann. Aber er kann es.

Schmendrick war auf die Knie gefallen, hatte die Augen zu und bewegte die Lippen, als ob er immer noch singen würde. Molly flüsterte in einem fort: »Amalthea … Amalthea …«, nicht an mich gerichtet, an niemanden. Das Einhorn stand dem Greif gegenüber, den Körper des Königs zwischen sich und ihm. Seine Vorderbeine zuckten und tänzelten ein bisschen, aber die Hinterbeine spannten sich zum Angriff wie bei einem Widder. Nur dass Widder den Kopf senken, während das Einhorn ihn hochhielt, sodass das Horn im Sonnenlicht schimmerte wie eine Muschel. Es stieß einen Schrei aus, bei dem ich mich in Mollys Röcken verkriechen und mir die Ohren zuhalten wollte: Es klang so wund, so … *schmerzerfüllt*. Dann senkte es den Kopf.

Halbtot hin oder her, der Greif lieferte einen erbitterten Kampf. Er hüpfte auf das Einhorn zu, wich dann aber im letzten Moment aus und schnappte im Vorbeisausen mit dem blutigen Schnabel nach den Beinen des Einhorns. Doch jedes Mal warf sich das Einhorn herum, viel schneller, als es ein Pferd gekonnt hätte, und ging zum Gegenangriff über, ehe der Greif wieder in Kampfstellung war. Es war kein bisschen fair, aber jetzt tat mir der Greif nicht mehr leid.

Beim letzten Mal schwang das Einhorn sein Horn seitwärts wie eine Keule und schlug den Greif zu Boden. Doch er war schon wieder auf den Beinen, ehe das Einhorn sich drehen konnte, und sprang doch tatsächlich in die Luft, mitsamt der toten Löwenhälfte und allem, gerade hoch genug, um auf dem Rücken des Einhorns zu landen, wo er mit seinen Adlerklauen krallte und kratzte und versuchte, dem Einhorn das Genick durchzubeißen, so wie er es mit König Lírs Taille gemacht hatte. Ich schrie jetzt, konnte nicht anders, aber das Einhorn bäumte sich, bis ich schon dachte, es würde hintenüberkippen, warf den Greif ab, wirbelte herum und stieß sein Horn durch die Eisenfedern mitten in das Adlerherz. Danach trampelte es noch eine ganze Weile auf dem Greif herum, aber das wäre nicht mehr nötig gewesen.

Schmendrick und Molly rannten zu König Lír. Sie würdigten den Greif keines Blicks und beachteten auch das Einhorn nicht weiter. Ich wollte zu Malka und folgte ihnen dennoch zu der Stelle, wo der König lag. Ich hatte ja gesehen, was der Greif mit ihm gemacht hatte, genauer als sie, weil ich näher dran gewesen war, und ich konnte mir nicht vorstellen, dass er noch am Leben war. War er aber, gerade noch. Er schlug die Augen auf, als wir uns neben ihn knieten, und lächelte uns alle so nett an und sagte: »Lisene? Lisene, ich sollte ein Bad nehmen, was?«

Ich weinte nicht. Molly auch nicht. Schmendrick wohl. Er sagte: »Nein, Majestät. Nein, du brauchst nicht zu baden, wirklich nicht.«

König Lír guckte verdutzt. »Aber ich stinke, Lisene. Ich muss mir in die Hosen gemacht haben.« Er griff nach meiner Hand und hielt sie ganz fest. »Kleines«, sagte er. »Kleines, dich kenne ich. Schäme dich nicht für mich, weil ich alt bin.«

Ich drückte seine Hand, so fest ich konnte. »Hallo, Majestät«, sagte ich. »Hallo.« Ich wusste nicht, was sonst sagen.

Dann war sein Gesicht plötzlich jung und glücklich und wundervoll, und er schaute an mir vorbei ins Weite, versuchte irgendetwas mit seinem Blick zu erreichen. Ich spürte einen Atemhauch auf der Schulter, drehte mich um und sah das Einhorn. Es blutete aus vielen tiefen Kratzern und Bisswunden, vor allem am Hals, aber alles, was man in seinen dunklen Augen sah, war König Lír. Ich rückte beiseite, damit es zu ihm konnte, aber als ich mich wieder nach vorn drehte, war der König tot. Ich bin neun, fast zehn. Ich weiß, wann Leute tot sind.

Das Einhorn stand lange neben König Lírs Leichnam. Ich ging nach einer Weile weg, um mich neben Malka zu setzen, und Molly kam und setzte sich zu mir. Aber Schmendrick kniete weiter neben König Lír und sprach zu dem Einhorn. Was er sagte, konnte ich nicht verstehen, aber an seinem Gesicht sah ich, dass er es um etwas bat, um einen Gefallen. Meine Mutter sagt, sie sieht mir das immer schon an, bevor ich den Mund aufmache. Das Einhorn antwortete natürlich nicht – ich bin mir fast sicher, dass sie auch nicht sprechen können –, aber Schmendrick ließ nicht locker, bis das Einhorn den Kopf drehte und ihn ansah. Da schwieg er, stand auf und ging allein davon. Das Einhorn blieb, wo es war.

Molly sagte, wie tapfer Malka gewesen sei und dass sie noch nie einen Hund gesehen habe, der auf einen Greif losgegangen sei. Sie fragte, ob Malka je Junge gekriegt habe, und ich sagte, ja, aber keins davon sei Malka. Es war so seltsam. Sie versuchte alles, um mich zu trösten, und ich versuchte, sie zu trösten, weil sie's nicht konnte. Aber dabei fühlte ich mich die ganze Zeit innerlich so kalt, fast so weit weg von allem, wie es Malka jetzt war. Ich drückte ihr die Augen zu, wie man es bei Menschen macht, und saß da und streichelte ihre Flanke immer und immer wieder.

Ich bemerkte das Einhorn gar nicht. Molly musste es gesehen haben, sagte aber nichts. Ich streichelte immer noch Malka und sah nicht auf, bis sich das Horn über meine Schulter neigte. Von nahem konnte man das Blut sehen, das in den schimmerndem Spiralrillen trocknete, aber ich hatte keine Angst. Ich fühlte überhaupt nichts. Dann berührte das Horn Malka, ganz leicht, genau da, wo ich sie streichelte, und Malka schlug die Augen auf.

Sie brauchte eine Weile, um zu begreifen, dass sie lebte. Ich brauchte noch länger. Sie streckte als Erstes die Zunge raus und hechelte und hechelte und sah so durstig aus. Irgendwo in der Nähe hörten wir einen Bach plätschern, und Molly ging los, fand ihn, schöpfte mit den Händen Wasser und brachte es her. Malka schlabberte es auf, versuchte dann aufzustehen und fiel um wie ein junger Hund. Aber sie versuchte es immer wieder, und schließlich stand sie und versuchte, mir das Gesicht zu lecken, verfehlte es aber die ersten paarmal. Ich fing erst an zu weinen, als sie es endlich schaffte.

Als sie das Einhorn sah, machte sie etwas Komisches. Sie starrte es kurz an und verbeugte sich dann auf Hundeart, indem sie die Vorderbeine ausstreckte und den Kopf dazwischen legte. Das Einhorn stupste sie mit der Nase, ganz sachte, damit sie nicht wieder umfiel. Es sah mich zum ersten Mal an … oder vielleicht sah ich es zum ersten Mal richtig an, sah nicht nur das Horn und die Hufe und das magische Weiß, sondern tief hinein in diese unendlichen Augen. Und irgendwie schafften es die Augen des Einhorns, mich von den Augen des Greifs zu befreien. Denn die Schrecklichkeit dessen, was ich gesehen hatte, war nicht verschwunden, als der Greif starb, ja nicht mal, als Malka wieder zum Leben erwachte. Doch das Einhorn hatte die ganze Welt in seinen Augen, die ganze Welt, die ich nie sehen werde, aber das macht nichts, denn jetzt *habe* ich sie gesehen, und sie ist wunderschön, und ich war auch dort drinnen. Und wenn ich an Jehane denke und an Louli und an meine Felicitas, die nur mit den Augen sprechen konnte, genau wie das Einhorn, dann werde ich an sie denken und nicht an den Greif. So war das, als wir uns ansahen, das Einhorn und ich.

Ich sah nicht, ob das Einhorn sich von Molly und Schmendrick verabschiedete, und ich sah auch nicht, wann es davonging. Ich wollte es nicht sehen. Aber ich hörte Schmendrick sagen: »Einen Hund. Ich bringe mich fast um damit, sie zu Lír herbeizusingen, sie zu rufen, wie *nie* jemand ein Einhorn gerufen hat – und sie holt nicht ihn zurück, sondern den Hund. Und ich dachte immer, sie hätte keinen Humor.«

Aber Molly sagte: »Sie hat ihn auch geliebt. Deshalb hat sie ihn gehen lassen. Sprich nicht so laut.« Ich wollte ihr sagen, dass es nichts machte, dass ich wusste, Schmendrick sagte das nur, weil er so traurig war, aber sie kam herüber und streichelte mit mir zusammen Malka, und ich brauchte es nicht zu sagen. Sie sagte: »Wir werden dich und Malka jetzt nach Hause geleiten, wie es sich zwei edlen Damen gegenüber gehört. Und dann werden wir auch den König nach Hause bringen.«

»Und ich werde euch nie wiedersehen«, sagte ich. »So wenig wie ihn.«

Molly fragte mich: »Wie alt bist du, Sooz?«

»Neun«, sagte ich. »Fast zehn. Das weißt du doch.«

»Du kannst doch pfeifen?« Ich nickte. Molly sah sich flüchtig nach allen Seiten um, als ob sie etwas stehlen wollte. Sie beugte sich dicht an mich heran und flüsterte:

»Ich habe ein Geschenk für dich, Sooz, aber du darfst es erst an dem Tag aufmachen, an dem du siebzehn wirst. An diesem Tag musst du ein Stück vom Dorf weggehen, allein, an irgendein ruhiges Plätzchen, das du besonders gernhast, und dort musst du pfeifen, so.« Und sie pfiff eine kleine Tonfolge, die ich ihr dann meinerseits vorpfeifen musste, immer wieder, bis sie fand, dass ich sie ganz genau hingekriegt hatte. »Pfeif das jetzt nicht mehr«, wies sie mich an. »Pfeif es nie wieder laut bis zu deinem siebzehnten Geburtstag, nicht ein einziges Mal, aber pfeif es immer wieder im Kopf vor dich hin. Verstehst du den Unterschied, Sooz?«

»Ich bin doch kein Wickelkind mehr«, sagte ich. »Klar versteh ich's. Was passiert, wenn ich's dann laut pfeife?«

Molly lächelte mich an. Sie sagte: »Jemand wird zu dir kommen. Vielleicht der größte Zauberer der Welt, vielleicht auch eine alte Frau mit einer Schwäche für tapfere, freche Kinder.« Sie legte mir die Hand an die Wange. »Und ganz vielleicht sogar ein Einhorn. Denn Wunderbares wird dich immer wiedersehen wollen, Sooz, und nach dir horchen. Glaub dem Versprechen einer alten Frau. Jemand wird kommen.«

Sie legten König Lír auf sein Pferd, und ich ritt mit Schmendrick, und sie kamen mit bis zu mir nach Hause, vor unsere Tür, um meinen Eltern zu sagen, dass der Greif tot war und dass ich dabei geholfen hatte, und da hättet ihr Wilfrids Gesicht sehen müssen! Dann umarmten sie mich beide, und Molly sagte mir ins Ohr: »Denk dran – erst wenn du siebzehn bist!« Und sie ritten davon und brachten den König heim auf sein Schloss, damit er bei seinen Leuten begraben werden konnte. Und ich trank einen Becher kalte Milch und ging dann mit Malka und meinem Vater die Herde für die Nacht in den Pferch treiben.

Das war's, was mir passiert ist. Ich übe die Melodie, die mir Molly beigebracht hat, immerzu im Kopf, manchmal träume ich sie sogar nachts, aber ich pfeife sie nie laut. Ich rede mit Malka über unser Abenteuer, weil ich mit *jemandem* reden muss. Und ich verspreche ihr, wenn es so weit ist, wird sie dabei sein, an dem besonderen Plätzchen, das ich mir schon ausgesucht habe. Dann wird sie natürlich eine alte Hundedame sein, aber das macht nichts. Jemand wird zu uns kommen.

Ich hoffe, dass es die beiden sind. Ein Einhorn ist ja schön und gut, aber sie sind meine Freunde. Ich will wieder fühlen, wie Molly mich in den Armen hält, will die Geschichten hören, die sie mir nicht mehr erzählen konnte, will hören, wie Schmendrick dieses alberne Liedchen singt:

Soozli, Soozli,
Pfiffikusli,
erheiterst mich bis in die Schuhsli.
Soozli, Soozli,
Magus-Musli,
machst mich ganz konfusli-wusli.

Ich kann warten.

Sooz

1

Malka weckte mich am Morgen meines siebzehnten Geburtstags, indem sie auf mein Bett kletterte und mir das Gesicht leckte.

Es war schwer für sie, weil sie inzwischen eine sehr alte Hündin war und ihre Hinterbeine nicht mehr richtig funktionierten. Mein Bruder Wilfrid hatte am letzten Räubertag geheiratet und war nach Gamladry gezogen, um näher bei der Familie seiner Frau zu sein, und seither schlief ich immer unten. Meine Mutter wollte, dass Malka in der Küche schlief, weil sie allmählich ziemlich roch, aber das ließ ich nicht zu. Für mich war Malka so schön wie ein Einhorn. Und ich habe ein Einhorn gesehen. Und Malka auch. Ein Einhorn machte sie wieder lebendig, nachdem ein Greif sie getötet hatte, als sie mich verteidigte. Um ehrlich zu sein, war es der Zauberer, der das Einhorn herbeirief, und es kam und zertrampelte den Greif zu einem Brei aus Fetzen und Staub und Eisenfedern … und dann berührte das Einhorn Malka mit dem Horn und ging davon. Und eher werde ich vergessen, wie prächtig sie war – und wie schrecklich, so viel schrecklicher als der Greif –, als dass ich je das Wunder vergesse, wie Malka sich aufrappelte und wieder umfiel und wieder aufstand und dann schließlich Wasser aus Molly Grues Händen schlabberte. *Molly Grue …*

Aber jetzt war Malka gekommen, um mich dran zu erinnern, dass ich heute, an meinem Geburtstag, ein Stück vom Dorf weggehen und pfeifen musste. Das hatte Molly mir gesagt.

Molly ist keine Zauberin – der Zauberer ist Schmendrick –, und sie ist auch nicht zauberhaft schön, so wie ein Einhorn. Sie ist einfach nur Molly, und ihr tun die Zehen weh, wenn Sturm kommt, und ich liebe sie. Obwohl ich sie nicht mehr gesehen habe, seit wir alle den Greif besiegt hatten und sie mich zum Abschied umarmte und mir ein Lied beibrachte. Eigentlich kein richtiges Lied – nur so eine komische kleine Melodie, die sie mich immer wieder nachpfeifen ließ, bis sie genauso ein Teil von mir war wie mein Name. Und sie sagte, wenn ich diese Melodie pfeifen würde, dann käme *jemand* zu mir. Jemand, der mein Leben verändern würde.

Ich hoffte, dass sie es wäre oder Schmendrick, aber sie sagte, sie habe keine Ahnung. Nur, dass ich allein sein müsse – ohne Malka sogar – und dass ich keine Angst haben solle. »Hättest du ja wohl sowieso nicht«, sagte sie mit diesem kleinen Lachen in den Augen, das ich seither in keinen anderen Augen gesehen habe. »Ein Mädchen, das Steine auf einen Greif wirft? Unwahrscheinlich, oder?« Und sie gab mir einen Kuss und ritt mit Schmendrick davon, und Malka und ich sahen ihnen nach, bis sie außer Sicht waren.

Als Erstes, nach dem Frühstück, als meine Mutter auf dem Markt war, gingen mein Vater und ich auf die Weide, um rauszufinden, ob in der Nacht irgendwelche Ziegenlämmer geboren worden waren. Schafe haben eine bestimmte Zeit im Jahr, zu der sie lammen, und man kann dann damit rechnen, dass es innerhalb von ein paar Tagen passiert – wie bei unseren ganz bald –, aber Ziegen sind Ziegen, und sie kriegen ihre Jungen, wann es ihnen passt. Und *wo*. Darin sind sie wie Hühner – man muss sie beobachten und ihnen hinterherlaufen, durch Gebüsch und Gestrüpp und Unterholz, wo man nie glauben würde, dass ein Tier ein Neugeborenes versteckt. Ich mag Ziegen lieber als Schafe, aber sie sind ganz schön anstrengend.

Wir fanden drei neugeborene Zicklein, alle gesund und am Euter von Müttern, die bestens in der Lage waren, ihre Kinder allein großzuziehen. Ich hielt jedes Zicklein eine Weile im Arm und streichelte es, damit es mich wiedererkennen würde, und mein Vater markierte es währenddessen mit seinem speziellen Stift, damit *er es* wiedererkennen würde. So machen wir das, seit ich denken kann.

Ich ließ Malka nicht gern zurück, als ich losging, um den unbekannten Jemand zu treffen. Ich hatte Angst, sie würde jaulen und Theater machen und ihre armen Beine hinter sich herschleifen, so weit sie konnte, um mir zu folgen. Aber sie schien zu verstehen, dass ich das jetzt allein machen musste; sie legte den Kopf auf den Boden und sah mir einfach nur nach. Malka wusste Sachen.

Vielleicht war sie ja auch deshalb so gelassen, weil sie wusste, wo ich hinwollte. Wir hatten uns dort versteckt und gespielt, seit wir beide klein waren: Meine Mutter nennt es »Sooz' Wald« und mein dummer Onkel Ambrose auch, aber sonst niemand.

Es ist eindeutig kein *richtiger* Wald – nur ein sonniges Gehölz mit bemoosten Bäumen und lärmenden Vögeln und einem Bach, der zu laut ist für Fische. Malka hat dort früher immer Kaninchen gejagt, und ich legte mich dann auf unserer Lieblingslichtung hin und erzählte mir Geschichten. Manchmal schlief ich in der Sonne und im Murmeln des Wassers ein, aber Malka weckte mich dann immer, bevor es dunkel wurde. Und wir kannten beide den Weg nach Hause.

Am anderen Ende des Gehölzes ist eine Art Kuhle – man muss danach Ausschau halten und findet sie vielleicht auch dann nicht –, die immer schon mein spezielles Plätzchen war, obwohl ich nicht sagen kann, warum. Dort ist es meistens gemütlich, auch im Winter, und wenn es je kalt wurde, kam Malka und legte sich auf meine Brust, und wir träumten. Malka träumte wohl Hundeträume – jedenfalls zuckte sie viel. Ich weiß noch, ich träumte oft, dass meine Mutter Wölfen, die es auf die Schafe abgesehen hatten, Schlaflieder vorsang ... nur dass die Wölfe manchmal die Schafe beschützten und es dann alles sehr wirr wurde. Einmal träumte ich sogar, dass mein Bruder Wilfrid sich in einen Wolf verwandelte und davonflog, und ein andermal war ich ein großer, hässlicher Vogel, der immer wieder abstürzte. Und einmal ... aber egal, ich wachte immer davon auf, dass Malka mein Gesicht beschnüffelte, also war alles gut. Das war Zuhause.

Aber diesmal war es anders. Diesmal war es Jenia.

Ich kannte da ihren Namen noch nicht. Ich dachte, sie sei auch Teil eines Traums ... und dabei hatte ich mich doch so bemüht, wach zu bleiben, nachdem ich Mollys Melodie gepfiffen hatte, ganz genau so, wie sie sie mir beigebracht hatte, dort am zertrampelten Kadaver des Greifen. Aber heute hatte ich sie erst richtig hinbekommen, nachdem ich die Kuhle gefunden hatte. Sie ist ja, wie gesagt, nicht immer da ... Aber diesmal war sie da, diesmal war alles genau richtig, und meine Schwester kam zu mir. Und da war sie, halb verborgen im Schatten eines hohen Felsbrockens: zu undeutlich, um wirklich zu sein, aber zu grauäugig und wellenhaarig, um irgendwas anderes zu sein. Alle in meiner Familie haben solche Augen, sogar Wilfrid.

»Ich bin Sooz. Wer bist du?« Ich war froh, dass ich meinen Namen noch wusste, weil das im Traum nicht immer so ist. Ich sagte noch mal: »Bitte. Ich bin Sooz.«

Sie antwortete mir. Sie sagte mir ihren Namen, aber ich konnte es nicht hören, obwohl ich sah, wie ihre Lippen sich bewegten. Sie sagte mir ihren Namen noch mal, aber ich konnte ihn immer noch nicht verstehen. Ich möchte ja glauben, dass ich nicht vor Enttäuschung schrie wie ein Baby, aber wahrscheinlich tat ich's. Ich kenne mich.

Dann war sie weg, und ich war wach, und mir war sehr kalt, und ich weinte, weil ich Malka wollte. Oder meine Mutter oder selbst den dummen Onkel Ambrose … jemanden, der wusste, wer ich war, ob wach oder im Schlaf. Ich weiß nicht mehr, wie ich nach Hause kam.

Inzwischen war meine Mutter vom Markt zurück. Sie sah mir ins Gesicht – sie wusste nichts von dem, was Molly mir versprochen hatte, obwohl ich immer dachte, mein Vater wüsste jedenfalls *etwas* – und fragte: »Was ist passiert? Alles in Ordnung mit dir?«

Ich sagte: »Habe ich eine Schwester?«

Meine Mutter antwortete nicht. Sie sah mich nur an. Ich fragte sie noch mal: »Ich habe eine Schwester, stimmt's? Wie heißt sie?«

»Ich muss deinen Vater rufen«, sagte meine Mutter. Sie ging zur Tür und rief ihn vom Schweinefüttern rein. Ich hasste die Schweine. Ich hasste die Geräusche, die sie beim Fressen machten, und die Geräusche, die sie machten, wenn sie wussten, sie würden gleich geschlachtet. Etwas in der Stimme meiner Mutter ließ meinen Vater herbeieilen. Er wusch sich nicht mal zuerst die Hände, sondern stand stumm in der Tür, und sein Blick suchte wie immer zuerst mich.

Seit der Greif damals anfing, Kinder zu fressen, ist mein Vater anders zu mir, obwohl das schon acht Jahre her ist. Er kann nicht einschlafen, bevor ich heil und sicher im Haus bin, und in den meisten Nächten wacht er zwei-, dreimal auf, nur um sich zu vergewissern, dass ich nicht heimlich hinausgeschlüpft bin, so wie damals, als ich loszog, den König zu suchen. Meine Mutter nimmt es hin, aber ich weiß, es ist *ein* Grund, warum Wilfrid geheiratet hat. Ich kann es ihm nicht verdenken.

»Sie weiß von Jenia«, sagte meine Mutter. »Ich finde, *du* solltest ihr die ganze Geschichte erzählen.«

Mein Vater ist ein mutiger Mann – ein bisschen *zu* mutig, findet meine Mutter, aber jetzt wurde er ganz blass. Er starrte mich wortlos an, eine ganze Zeit lang wohl, denn ich erinnere mich, wie die Schweine sich grunzend um ihr Futter stritten und die Uhr tickte und tickte. Meine Mutter sagte: »Ulfi, wir können nichts dagegen machen, dass sie's weiß. Erzähl's ihr. Jetzt.«

»Sooz«, sagte mein Vater, und dann konnte er eine Weile gar nichts sagen. Er setzte sich auf den Stuhl, der immer Wilfrids Stuhl gewesen war, und rieb sich die Augen, und schließlich sah er mich wieder an. Er sagte: »Sie … sie hieß Jenia.«

»Sie *heißt* Jenia«, sagte ich. »Ich habe sie gesehen. Das ist alles, was ich weiß. Warum ist das alles, was ich weiß?« Plötzlich kam mir ein sehr ärgerlicher Gedanke. »Weiß Wilfrid von ihr?« Aber ich kannte die Antwort, noch bevor meine Eltern den Kopf schüttelten. Nie und nimmer hätte Wilfrid es sich verkneifen können, mir hämisch zu verkünden, dass er etwas über unsere Familie wusste, was ich nicht wusste.

»Sie war vier Jahre alt. Viereinhalb.« Die Stimme meines Vaters war klar, aber sehr leise, fast nur ein Flüstern. »Deine Mutter war damals mit Wilfrid schwanger, und es wurde für sie immer schwieriger, draußen zu arbeiten, deshalb war Jenia die meiste Zeit des Tages in meiner Obhut. Es … es hat mir nichts ausgemacht.«

Er hielt kurz inne, sprach dann weiter. »Ich musste zwar immer ein Auge auf sie haben – sie war so neugierig und so *schnell* –, aber sie brachte sich nie wirklich in Gefahr, und sie verstand die Tiere. Seit sie aus der Wiege war, vom ersten Tag an, hätte sie in den Schweinekoben fallen können, genau zur Fütterungszeit, und die Schweine wären angerannt gekommen und hätten sie aufgehoben und ihr den Dreck abgeklopft und sich überzeugt, dass sie sich nicht wehgetan hatte. Kein Tier, kein einziges, nichts auf der Welt, hätte ihr etwas getan, von Anfang an. Von Anfang an …«

Seine Augen waren rot gerändert, aber er weinte nicht. So werden die Augen meines Vaters, wenn er nicht weinen will. Ich fragte, jetzt selbst flüsternd: »Was ist mit ihr passiert?«

Meine Mutter sagte überraschend scharf: »Lass deinen Vater erzählen. Es ist seine Geschichte – ich war nicht dabei.« In ihrer Stimme war etwas, wofür ich kein Wort finden konnte – nicht direkt Ärger, mehr so eine schreckliche Müdigkeit. Ich hatte meine Mutter noch nie so gehört.

Mein Vater räusperte sich. Er wollte sagen, »Sie haben sie geholt«, aber er kam nicht übers erste Wort hinaus und musste es noch mal versuchen. Schließlich sagte er: »Sie haben sie geholt. Die Traumigen haben sie geholt. Sie ist mit den Traumigen fortgegangen.«

Die Traumigen … die Feen … die Anderen … das Gute Volk … ich habe solche Namen gehört, seit ich so alt war wie Jenia, als sie geholt wurde – all die Namen, die wir für die Schattenleute haben, die, die man nur sieht, wenn sie gesehen werden wollen, und auch dann nur aus den Augenwinkeln. Kinder sehen sie. Ich sagte: »Die Traumigen.«

»So nannte sie sie«, sagte mein Vater. »Ich verlor sie manchmal einen Moment aus den Augen – nie länger als einen Moment, ich *schwör's* – und dann kam sie immer lachend zurückgerannt und erzählte mir, sie sei spielen gewesen, mit den Leuten, die im Traum zu ihr kamen … Sie sagte, sie sängen Quatschlieder und brächten sie zum Lachen. Ein-, zweimal hat sie mir eins vorgesungen.«

Er musste sich immer wieder räuspern; es tat mir weh. Ich wollte nach den Liedern fragen, aber er fuhr fort: »Kinder … die erfinden doch dauernd Freunde, Spielgefährten. Wilfrid hatte einen ausgedachten Freund namens Puddle – du kannst dich wohl nicht dran erinnern?« Ich schüttelte den Kopf, und mein Vater lächelte schon fast. »Wilfrid mochte Puddle viel lieber als dich, nach deiner Geburt. Es dauerte lange, bis er befand, dass du überhaupt ein menschliches Wesen warst. Aber Jenia war … da schon weg, und er hat nie …«

Er blickte in die Ferne und verdrehte die Finger gegeneinander. Ich hörte sie knacken. »Ihr habt es ihm nie gesagt«, sagte ich. »Ihr habt es gar niemandem gesagt.« Mein Vater schloss die Augen. Ich fragte: »Die Traumigen … Habt ihr sie je gesehen? Haben sie sie einfach *mitgenommen*? Was haben sie …?« Ich hielt inne, weil mein Vater weinte.

Er machte dabei kein Geräusch. Das tut er nie. Meine Mutter schaute nicht weg, aber ich. Malka drückte sich an meine Beine und winselte leise. Ich hatte ganz vergessen, dass sie da war. Ich ging zu meinem Vater und legte ihm die Hand auf die Schulter, fühlte, wie sein Körper mit seinem Atem kämpfte. Mein Vater hasst es, die Beherrschung zu verlieren.

»Ich habe sie nur an jenem letzten Tag gesehen. Es war schon dämmrig, und ich hatte gerade das nachgewachsene Eichhörnchenkraut entfernt, das immer den Brunnen hochzukriechen versucht. Ihr wisst ja, wenn dieser gelbe Schmarotzer erst mal ans Brunnenwasser kommt, wird man ihn nie mehr los.« Er sah uns beide an, als erwartete er Zustimmung. »Also habe ich nicht geschaut … nicht richtig aufgepasst, nur diesen einen Moment lang … und dann hörte ich sie lachen, so wie sie immer lachte …«

Zum ersten Mal stockte meiner Mutter der Atem. Man hätte nichts gemerkt, wenn man nicht gerade in dem Moment hingehört hätte. Meine Mutter ist … nicht stärker als mein Vater, nicht härter im Nehmen oder so was. Sie entfernt sich einfach nur woandershin, wenn sie was schmerzt, während er dableibt. Ich weiß nicht, wem von beiden ich ähnlicher bin.

Mein Vater sagte: »Also drehte ich mich um, und ich war froh und erleichtert, denn ich wusste ja, ich hatte sie aus den Augen gelassen, und da war sie wieder, wie immer, und *das* war gut, und ich würde sie auf meine Schultern heben, und wir würden zum Abendessen reingehen. Und dann sah ich sie. Drunten auf der kleinen Wildwiese beim Ziegenpfad, im hohen Gras. Mit ihnen.«

Seine Stimme veränderte sich nicht und brach nicht; das war schon passiert und würde nicht wieder passieren. Er sagte: »Klein waren sie, aber keine Gnome oder Elfen, keine von denen. Sie waren größer als sie … als Jenia … und sie trugen allesamt Kleider, die aussahen wie … wie *Federn,* wunderschöne *Federn.* Und sie war so gern mit ihnen zusammen – das konnte man sogar von da sehen, wo ich stand. Sie sprang ihnen immer wieder in die Arme, und sie schwangen sie an den Armen durch die Luft, rauf und runter … so wie du es immer mochtest, wenn wir es mit dir machten, weißt du noch? Du hast immer die Beine angezogen und *gegiggelt.*«

Ich nickte. Mein Vater sagte: »Ich habe sie gerufen. Ich habe gerufen, bis meine Stimme übergeschnappt ist … bis ich auf die Knie gefallen bin und immer noch ihren Namen geschrien habe. Und sie hat sich umgedreht und gelacht und mir zugewinkt … und diese anderen – die Traumigen oder was sie auch waren –, *sie* haben mich angesehen, zum ersten Mal, und sich gleich um sie geschart, haben vor mir gestanden wie ein Schildwall – nur dass es ein Wall aus Federn war, verstehst du … wunderschönen leuchtenden, *leuchtenden* Federn … und mitten zwischen ihnen das fröhliche Lachen meiner Tochter, als sie mit ihr davonrannten, runter zum Fluss, wohin ich ihnen nicht folgen konnte.« Einen Moment darauf setzte er völlig tonlos hinzu: »Oder wollte.«

Er sah meine Mutter nicht an, aber ich, und ich hörte alles, was sie zueinander gesagt haben mussten, immer und immer wieder, siebzehn Jahre – mein Leben – lang, bis es nichts mehr zu sagen gab und das Leben trotzdem weitergehen musste. Mein Vater sagte sehr ruhig: »Und so musste ich schließlich ins Haus zurückgehen und deiner Mutter sagen, dass unsere Jenia verschwunden war.« Er sah mir jetzt zum ersten Mal, seit er ins Haus gekommen war, geradewegs ins Gesicht und setzte hinzu: »Seither gab es keinen Tag oder Teil eines Tages, an dem ich mir nicht gewünscht habe zu sterben.«

Es gab nichts zu sagen, also sagte ich es eben trotzdem, obwohl ich wusste, wie die Antwort lauten würde. »Und ihr habt sie wirklich nicht mehr gesehen? Nie?«

Mein Vater schüttelte den Kopf. In dieser elenden Stille war es meine Mutter, die sprach, zum ersten Mal seit sie so streng geworden war, weil ich ihn unterbrochen hatte. »Ich habe von ihr geträumt, monatelang … Jahre … war mir so sicher, dass sie nach mir rief, mich zu erreichen versuchte. Inzwischen träume ich nicht mehr von ihr.«

»Aber ich habe sie *gesehen*«, sagte ich. »Molly Grue hat gesagt, sie würde an meinem siebzehnten Geburtstag zu mir kommen. Und so war es – sie ist gekommen und hat mit mir *gesprochen*.« Ich sah vom einen zur anderen, kam mir so klein vor wie früher, wenn ich meine Mutter zu überzeugen versuchte, dass der große alte Geißbock Dithy mit mir sprechen konnte, wenn er wollte. »Sie hat mir zweimal ihren Namen gesagt, ich habe ihn bloß nicht verstanden, aber sie hat mit mir gesprochen, und ich muss sie suchen gehen!«

Das brachte meinen Vater so schnell auf die Beine, wie

es in dem Moment wohl nichts anderes gekonnt hätte. »Nein, das tust du *nicht!*« Das letzte Wort schrie er, aber nur dieses eine, alles Weitere folgte in einem gleichbleibenden, kalten weißen Ton. »*Eine* Tochter an diese … an die Traumigen zu verlieren, das ist mehr als genug. Ich will dich nicht auch noch – ich lasse nicht zu, dass du …« Meine Mutter legte ihm die Hand auf den Arm, aber er schüttelte sie einfach ab. Er sagte: »Sie haben sie geholt … dich bekommen sie nicht. Und wenn ich dich in deinem Zimmer anketten muss, ich lasse nicht zu …«

Als er diesmal verstummte, fühlte es sich an, als ob er womöglich nie wieder etwas sagen würde. Sein Körper hatte gewonnen, da war kein Atem mehr zu besiegen. Meine Mutter sagte ganz sanft: »Du konntest sie nicht davon abhalten, allein den König suchen zu gehen, als sie neun war.« Mein Vater antwortete nicht. Meine Mutter wandte sich mir zu. Sie sagte nur: »Geh nicht, bevor die Lammzeit vorbei ist. Und sag es ihm nicht, wenn du gehst.« Dann machte sie sich in der Küche ans Zwiebelschälen.

2

Tatsächlich war es schon lange nach der Lammzeit, als ich mich auf die Suche nach meiner Schwester machte. Wenn man neun ist – so wie ich, als ich beschloss, König Lír in unser Dorf zu holen, um gegen einen Greif zu kämpfen –, sind andere Menschen und ihre Gefühle und Bedürfnisse und ihr Leid nicht annähernd so real, wie wenn man siebzehn ist. Jetzt wusste ich zu viel darüber, was es meinen Eltern angetan hatte, Jenia zu verlieren, und ich konnte mir nur zu leicht vorstellen, wie der Rest ihrer Tage wäre, wenn ich nie mehr zu ihnen zurückkäme. Wobei ich mir natürlich genauso sicher war wie damals mit neun, dass ich zurückkehren *würde*, triumphierend Hand in Hand mit der Tochter, die sie so viele Jahre aus ihren Gedanken zu verbannen und nie zu erwähnen versucht hatten, so, als hätte es sie nie gegeben. An manchem Abend schlief ich mit diesem Fest im Herzen ein.

Ja, aber wenn es nun nicht so lief? Allein, ohne einen Lír oder Schmendrick, ohne Molly – oder Malka, meine Malka, die in ihrem ganzen Leben nie zugelassen hatte, dass mir etwas Schlimmes passierte, – was, wenn Jenias schreckliche, mit Federn bedeckte Traumigen mich zu fassen bekamen und keine von uns beiden je wieder nach Hause zurückkehren ließen? *Was mache ich dann?* Das ist nichts, was eine Neunjährige denkt, aber es war der Gedanke, mit dem ich jeden Morgen aufwachte, egal, wie ich geschlafen hatte. *Was könnte ich machen?*

Wenn ich jetzt drüber nachdenke, so ehrlich wie möglich, dann scheint mir, ich hätte vielleicht einen guten Grund gefunden, doch nicht loszugehen, wenn Malka mir die Entscheidung nicht aus der Hand genommen hätte. Sie starb.

Sie war nicht krank – Malka war nie krank, seit ihrer Geburt nicht. Sie war einfach nur alt … aber sie konnte doch nicht so alt sein, dass sie einfach starb, *niemals*. Sie konnte doch nicht tot in meinem Bett liegen, die Schnauze unter meinen Arm gesteckt, wie sie die letzten Jahre immer geschlafen hatte. Ich hielt sie lange in den Armen – zum zweiten Mal tot, diesmal für immer –, aber ich weinte nicht. Da nicht. Das kam erst später, als meine Mutter mich in den Armen hielt. Als sie – so leise, dass ich es kaum verstehen konnte – sagte: »Jetzt kannst du gehen.«

So einfach war es aber trotzdem nicht. Ich begrub Malka in Sooz' Wald, wo wir zusammen glücklich gewesen waren, und ging an den meisten Nachmittagen hin, um einfach nur dazusitzen und mit ihr zu reden. Manchmal sang ich sogar, weil sie es immer gemocht hatte, wenn ich ein albernes Liedchen erfand. Wenn ich gehen musste, sagte ich: »Schlaf jetzt, Malka – schlaf, mein braves Mädchen. Wir sehen uns morgen früh.« Und so war es auch meistens.

Aber dann kam meine Schwester wieder zu mir. Und diesmal sah mein Vater sie.

Er kam manchmal auch an Malkas Grab. Ich erinnere mich, wie ich ihn dastehen sah, im Schatten unter den Bäumen; er sagte nichts – sah nur zu, wie ich bei Malka war. Es machte mir nichts aus, ich hatte nie das Gefühl, dass er sich in was hineindrängte, was nur mir gehörte. Sie war mein Hund, ja, aber wir waren ihre Familie. Malka hätte es gefreut, dass er da war.

Als Jenia zum zweiten Mal erschien, sah mein Vater sie zuerst. Sie kniete am Bach, vor den Wildblumen hinter ihr hob sie sich klarer ab als beim letzten Mal vor dem Felsen. Für mich sah es aus, als hielte sie die Hände in den Bach oder versuchte es jedenfalls, denn das Wasser floss einfach durch ihre Finger hindurch, ohne sie wirklich zu berühren. Dann hob sie den Kopf und sah uns an, und die

Traurigkeit in ihrem Gesicht ließ mich aufspringen und ihren Namen rufen. Aber mein Vater hatte schon zuerst gerufen.

An seine Stimme in dem Moment will ich mich gar nicht erinnern.

Er rief sie »Jeanie«. Später erzählte mir meine Mutter, dass nur er sie so nannte.

Ich weiß nicht, ob sie uns hörte oder nicht, aber ich bin mir immer sicher gewesen, dass sie uns sah. Ihre Hände hoben sich, und sie streckte sie zu uns hin – *nach* uns *aus*, das sah ich –, und dann war sie wieder verschwunden, lautlos, ohne einen Fußabdruck oder einen gebrochenen Zweig zu hinterlassen. Mein Vater und ich hielten uns eine ganze Zeit lang stumm aneinander fest.

»Ich wusste, sie musste am Leben sein«, flüsterte mein Vater schließlich. »Ich … ich *wollte* es manchmal nicht, ich hatte *Angst* – aber ich wusste immer …«

Ich starrte ihn an. Ich fragte: »Angst, dass sie zurückkommt? Das verstehe ich nicht.«

Mein Vater presste Wort um Wort mühsam hervor. »Du hast sie nicht gesehen, als sie davonging, mit … mit ihnen. Sie sah so *glücklich* aus – so *eindeutig* glücklich –, als ob das die Leute wären, zu denen sie gehörte … als ob sie ihr ganzes junges Leben lang auf sie gewartet hätte und sie sie jetzt endlich holen gekommen wären. Und wenn es nun wirklich so war … dass wir sie nur irgendwie irrtümlich bekommen hatten? All die Jahre, und immer noch liege ich nachts manchmal wach … und *denke* …«

Ich kenne diese Geschichten, dass die Feen oder das Gute Volk ein Menschenbaby holen, weil es angeblich ihnen gehört. Ich sagte laut: »Nein! Nein, das glaube ich nicht! Sie ist eure Jenia – *unsere* Jenia –, und sie versucht, zu uns zurückzufinden, und ich gehe sie holen, und ich werde sie ihnen wegnehmen, wenn ich muss!« Ich hatte das alles gar nicht sagen *wollen* – es schoss einfach in einem Schwall heraus –, aber ich vermute, es hatte schon länger in mir gewartet, als ich wusste. Ich sagte: »Ich *werde* es tun! Und ich gehe morgen!«

Auch das hatte ich nicht sagen wollen, aber das war jetzt egal. Was auch immer sie sonst noch sein mochte, sie war wirklich. Sie war Jenia, meine Schwester.

Zu meinem Erstaunen widersprach er mir überhaupt nicht. Im Rückblick ist mir klar, er musste das alles schon mit meiner Mutter abgemacht haben – alles, was er hätte sagen können, und alles, was ich erwidert hätte, Nacht für Nacht –, und jetzt, wo wir beide an Malkas Grab standen, war es schon beendet.

Ich rüstete mich etwas praktischer aus als mit neun, als ich nachts losgegangen war, den König suchen. Eine Decke, eine zweite Hose, warme Strümpfe (damals war ich gar nicht auf die Idee gekommen, welche mitzunehmen), etwas Dörrfleisch und -obst und die größte Trinkflasche, die ich bequem tragen konnte. Und erstmals nahm ich auch ein Messer mit. Kein Zauberschwert oder auch nur einen edlen Dolch, es war einfach nur das zweitbeste Kastriermesser meines Vaters, das er noch für alle möglichen anderen Sachen benutzte, außer um dafür zu sorgen, dass eine Schafherde nur einen Bock haben würde. Nicht größer als eine von den Stricknadeln meiner Mutter, fühlte es sich in meinen Händen so sperrig an wie eine Axt, aber es fühlte sich auch gut an. Ich hatte noch nie ein eigenes Messer gehabt. Ich hatte nicht gefragt, ob ich es mitnehmen dürfe. Er muss es aber gewusst haben, denn am Abend, bevor ich ging, redeten wir noch miteinander, und das Messer lag auf meinem Bett, matt schimmernd im Lampenschein. Mein Vater musterte es, griff aber nicht danach.

An dieses Abschiedsgespräch erinnere ich mich bis heute, Wort für Wort. Er saß da und sah zu, wie ich zu Ende packte oder vielmehr immer wieder meinen Rucksack zumachte und dann beschloss, doch einen anderen Kochtopf mitzunehmen oder lieber robustere Stiefel als meine eleganten wildledernen. Erst als ich fertig war, fragte er mich: »Weißt du, was ich am meisten fürchte?«

Ich drehte mich zu ihm und wartete ab. Mein Vater sagte: »Nicht, dass du sie nicht findest, nicht, dass sie nicht zu uns zurückkommt. Du bist mein tapferes Mädchen, und ich glaube, dass du sie heil nach Hause bringst.« Er verschränkte die Hände fest vor sich.

»Aber es gibt so eine alte Sagenweisheit über das Gute Volk.«

»Dass man sie unbedingt immer so nennen muss. Für den Fall, dass sie in der Nähe sind und einen hören. Ja, das weiß ich.«

»Nein. Ich meine … ich meine eine noch ältere.« Mein Vater stand auf und fasste mich an den Schultern. Sein Griff war sanft, aber ich konnte den Schmerz in seinen Händen fühlen. »Sooz … was die Guten nehmen, das ersetzen sie, immer. Stehlen sie einen Jungen, geben sie dafür einen Jungen. Stehlen sie ein Mädchen …«

Ich fühlte, wie meine Fingerspitzen und meine Haarwurzeln langsam kalt wurden. Ich sagte: »Sie ist verschwunden, bevor Wilfrid geboren wurde.«

»Und dann kamst du.« Die Hände meines Vaters spannten sich noch mehr an. »Und wir hätten dich nicht *mehr* lieben können, wenn du …« Zum ersten Mal sah er jetzt weg.

»Wenn ich was?« Angst machte mich plötzlich wütend. *»Wenn ich was?«*

Mein Vater leckte sich die trockenen Lippen, fuhr sich mit den Fingerknöcheln über den Mund. Er sagte: »Die älteste Geschichte ist, dass die Guten deshalb Menschenkinder stehlen, weil sie keine eigenen Kinder haben – sie können keine *bekommen*. Aber sie achten streng drauf, jedes Mal ein … einen Ersatz zu liefern, denn wenn sie es nicht täten, würden sich die Leute bedroht fühlen und sich auf die Jagd nach ihnen machen. Verstehst du, Sooz?«

Ich verstand, aber ich wollte es nicht verstehen. Ich sagte: »Aber für Jenia haben sie keinen Ersatz geliefert.«

»Nein. Vielleicht weil sie freiwillig mitgegangen ist, von allein – ich weiß nicht. Sie haben ihre eigenen Wege und Gründe und ihren eigenen Humor. Und dann kam Wilfrid zur Welt, und es gab andere wichtige Dinge. Wir haben unsere Erstgeborene nie vergessen – nie –, aber wir haben gelernt, mit dem Verlust zu leben, wie Menschen es nun mal tun.« Er ließ meine Schultern los, aber seine Augen flehten immer noch um Verständnis. Er sagte: »Und dann …«

»Dann bin *ich* geboren worden.« Als ich klein war, wollte ich immer wieder, dass mir meine Eltern die Geschichte erzählten, wie ich auf die Welt gekommen war, zu ihnen. Am liebsten mochte ich es, wenn mein Vater sie erzählte, weil er jedes Mal neue Einzelheiten hinzufügte, und wenn ich auch überhört haben mag, wie sein Ton sich änderte und wie oft meine Mutter fragte, ob ich nicht zur Abwechslung mal etwas anderes hören wollte – es war und blieb meine Lieblingsgeschichte … vor allem die Stelle, an der ich herausplatzen konnte: »Dann bin *ich* geboren worden!«

»Sooz«, sagte mein Vater. »Sooz.«

Ich hatte Angst wie noch nie. Jetzt kann ich das sagen.

»Du bist uns nicht *geboren* worden.« Ich wollte mich losreißen und weglaufen, aber die Arme meines Vaters umschlossen mich und hielten mich so verzweifelt fest, dass sie mich beinah erdrückten. »Sooz … wir haben dich gefunden.«

»Gefunden?« Ich konnte nur flüstern, weil meine Kehle sich anfühlte, als ob sie blutete, als hätte ich Glas geschluckt. »Wo gefunden? Auf eurer Türschwelle? Landen da nicht gewöhnlich verschwundene Prinzessinnen? Vielleicht bin ich ja eine ausgesetzte Prinzessin, die nur eine Bauernfamilie abgekriegt hat?« Ich sah, dass ihn die Worte verletzten. Das sollten sie auch.

Doch seltsamerweise lächelte mein Vater: traurig, ja, aber auch wie bei einer süßen Erinnerung. »Malka«, sagte er sanft. »Sie war da genauso neu auf der Welt wie du. Fast noch in der Säugezeit war sie, aber sie musste ihre Mutter für sich allein gehabt haben – vielleicht waren die anderen Welpen ja im Mutterleib gestorben, wie es manchmal passiert. Malka war kräftig und hungrig – konnte so wenig laufen wie du, hatte aber die Augen schon fast offen … also warst du wohl das Erste, was sie je gesehen hat.« Er brachte ein gezwungenes Lachen hervor, offensichtlich in der Hoffnung, dass ich mitlachen würde. »Weil du nämlich mit ihr in dem Korb lagst. Tief und fest geschlafen habt ihr beiden kleinen Welpen – seid nicht mal aufgewacht, als wir euch zu uns ins Haus geholt haben. Wo ihr von dem Tag an gelebt habt.«

Er erzählte es so hoffnungsvoll wie eine seiner Gutenachtgeschichten, sah aber das Ende zweifellos in meinen Augen. Es klang, als antwortete ihm jemand anders. Ich sagte: »*Sie* haben mich in den Korb gesteckt, stimmt's? Den kleinen Ersatz schön warm eingepackt, mit dem netten kleinen Hündchen, und sich dann davongemacht – Tauschhandel vollzogen, *Sache* erledigt.« Ich zitterte und brachte die Wörter kaum heraus. »Sie haben mich als *Tauschware* gegeben. Für meine Schwester.«

»So haben wir es nie gesehen – nie! Sooz, das musst du mir glauben! Wir waren so dankbar, dich zu haben, dass wir nie Fragen gestellt haben – nie über irgendwas anderes nachgedacht haben als über die Güte des Schicksals …«

Ich ließ ihn nicht weitersprechen. »Tja, eine Frage hättet ihr vielleicht mal stellen sollen. Woher kam ich?« Sein Gesicht erstarrte. Ich sagte: »Wenn sie keine Kinder kriegen … woher hatten sie mich dann? Bin ich eigentlich ein Stein? Ein Baum? Ein Fisch? Ein Stuhl, so wie Wilfrids Stuhl? Ein Schuh?« Ich wand mich los, obwohl er mich immer noch festzuhalten versuchte. »Wenn ihr mich lieb habt, sagt mir, was ich bin! Was ich wirklich bin!«

Er legte sich den Zeigefinger auf die Lippen und machte eine Kopfbewegung zur Tür hin, um mir zu bedeuten, dass ich meine Mutter nicht wecken sollte. Es kümmerte mich nicht. Ich schrie ihn an: »Du weißt es! Du weißt es! Ich glaube dir nicht, dass du's nicht weißt! Sag's mir!«

Wohl zum ersten Mal überhaupt hatte mein Vater

Angst vor mir. Ich hatte in dem Moment selbst Angst vor mir, so wie ich vor Wut bebte und stammelte. Wenn ich jetzt daran zurückdenke, wundert es mich, dass ich nicht weinte – keine einzige Träne. Ich hätte doch wohl weinen sollen.

»Die Guten«, sagte mein Vater leise und tonlos. »Wenn sie sich ein Kind holen, hinterlassen sie dafür was anderes. Eine Katze … ein Schwein … ein Stück Brennholz …«

»Ein Stück Brennholz«, sagte ich. Ich schnürte meinen Rucksack ein letztes Mal zu und stand vom Bett auf. »Genau. Ein Stück Brennholz – und als Draufgabe sogar noch ein Hündchen.« Vor seinen Augen schlüpfte ich in meinen besten Mantel. »Kein schlechter Handel, wenn man's bedenkt.«

Ich bereue bis heute, dass ich mich nicht noch mal umgedreht habe, als ich aus dem Haus marschierte, in dem ich immer gelebt hatte. Ich hätte mich noch mal umdrehen sollen. Es schmerzt mich immer noch, dass ich es nicht getan habe.

Er folgte mir nicht. Vielleicht erwartete ich ja, dass er's tat; vielleicht erwartete er ja, dass ich in der Tür stehen blieb und mich umdrehte. Ich weiß nur, dass ich blindlings ins Dunkel marschierte, vorbei an der Scheune, vorbei am Schweinekoben, wo die Schweine schläfrig grunzten, vorbei an dem riesigen alten Walnussbaum, den Wilfrid und ich immer erklettert hatten, wenn ihm gerade danach war, mit seiner kleinen Schwester ein Wettklettern in die obersten Äste zu machen, vorbei an dem Fuchsbau unterm Felsüberhang, wo ich Malka immer wieder hatte erklären müssen, dass sie diese spezielle kleine Familie ganz speziell in Ruhe lassen sollte. Vorbei an dem wilden Hain, wo mich Marcos Mamnemos geküsst und ich ihn geohrfeigt hatte. Das bereue ich allerdings nicht. Er roch wie der Salzfisch, den sein Vater verkaufte: billig und schon halb verdorben, wie jeder wusste. Die Küsse des Sohns waren genauso.

3

Ich lief die ganze Nacht durch. Manchmal fiel ich zwischendurch in ein hastiges, stolperiges Gehen, wobei mir der Rucksack zwischen die Schulterblätter schlug, aber die meiste Zeit stürzte ich irgendwie immer weiter vorwärts, in der Hoffnung, mich bei Tagesanbruch in einer Gegend zu befinden, wo niemand außer dem Guten Volk dieses Stück Holz in Frauengestalt erkennen würde. Was vollkommen blödsinnig war: Meine Familie war unter diesen Schafzüchtern und Milchbauern wohlbekannt, und ich würde schon um einiges weiter rennen müssen, um auf Leute zu treffen, die sich nicht dran erinnerten, wie ich laufen gelernt hatte. Schließlich hatte ich so viel Verstand, mich auf einen Stein zu setzen, um zu verschnaufen und erst mal nachzudenken.

Wohin musste ich? Es war ja nicht so wie damals, als ich neun war und das Glück gehabt hatte, dass Schmendrick und Molly Grue mich zum König brachten. Ich hatte keine Ahnung, wo meine Schwester Jenia war oder … oder *wie* sie war, unter diesen Wesen, die sie gestohlen hatten, wenn sie sie denn gestohlen hatten. Ich konnte nur annehmen, dass sie wusste, ich würde versuchen, sie zu finden, und dass sie mir dabei helfen wollte – warum sonst hätte sie sich zeigen sollen, nicht nur mir, sondern auch meinem Vater? Beim Gedanken an ihn und daran, wie ich ihn einfach hatte stehen lassen, bekam ich Magenschmerzen, sodass ich an was anderes denken musste.

Ich fragte mich, wie sie es wohl fände, von einer Ersatzschwester gerettet zu werden, mit der sie weder bluts- noch sonst wie verwandt war. Von da kam ich zu der Frage, ob ein verwandeltes Stück Holz überhaupt ein menschliches Herz haben konnte. Ich legte die Hand auf meine Brust und war mir beinah sicher, dort drinnen drängendes, ganz normales Leben zu fühlen. Aber ich wusste nicht mehr, was das bedeutete.

Schließlich ließ ich es sein, nahm das Messer meines Vaters aus meinem Rucksack und balancierte es auf dem Handrücken. Gemessen daran, wofür es gedacht war, war es ein anmutiges Ding, von einer Zierlichkeit, die mir bisher nie aufgefallen war. Ich drehte es eine ganze Weile in der Hand, in der Morgensonne. Schließlich, noch immer auf dem Stein sitzend, sprach ich laut mit meiner Schwester – mit Jenia.

»Wenn du mich hören kannst, hilf mir. Ich werfe jetzt dieses Messer in die Luft, und von da, wo es landet, gehe ich in die Richtung, die mir die Klinge weist. Das werde ich immer wieder tun, so lange wie nötig, bis ich dich finde. Wenn du mich hören kannst, hilf mir jetzt.« Und ich warf das Messer.

Es schien sich eine Ewigkeit in der Luft zu drehen, glitzernd im Morgenlicht. Als es schließlich zu Boden fiel –

nur ein paar Fuß von meinem Stein –, stürzte ich hin und stellte fest, dass die offene Klinge nach links zeigte, einen schmalen, halb zugewachsenen Weg entlang, den ich bereits als unwichtig abgetan hatte. Ich blickte mich rasch um, streifte das Messer an meinem Stiefel ab, holte tief Luft und schlug diesen kaum vorhandenen Weg ein. Kletterranken und kratzige Zweige beiseiteschiebend, folgte ich ihm, bis er in eine formlose Lichtung mündete, von der ich keinen weiteren Weg abgehen sah. Trotzdem warf ich das Messer meines Vaters wieder: Diesmal erschreckte es mich, indem es von einem Baum abprallte und in einem dornigen Gestrüpp verschwand. Als ich es schließlich wiederfand, schickte mich die Klinge genau dahin, wo ich hergekommen war, zu einem Pfad, dem ich nur folgen konnte, indem ich den Kopf senkte wie eine Ziege und mich stur voranzwängte. Es dauerte eine Stunde.

Aber das machte gar nichts, denn ich sah meine Schwester wieder. Jenia.

Diesmal kam sie in der Dämmerung zu mir, nach einem Tag, der mich durch Gelände geführt hatte, das wilder war als der Midwood – für mich immer noch der Inbegriff von beängstigend, auch wenn der Greif schon lange tot war. Mein Gesicht war zerkratzt, meine Kleidung zerrissen, und mein Handgelenk schmerzte vom ständigen Werfen des Messers. Ich war zu erschöpft, um etwas zu essen, und nichts deutete darauf hin, dass Jenia auch nur ahnte, dass ich sie suchte – oder mich freudig willkommen heißen würde, wenn sie es wüsste. Ich konnte nichts weiter tun als das, was ich tat.

Ich hatte mich zwischen den Wurzeln eines Baums so bequem eingerichtet, wie es ging, und ein Feuer gemacht, so gut ich konnte – mein Vater hatte es mir nie richtig beizubringen vermocht –, und kramte gerade in meinem Rucksack nach etwas Dörrfleisch, als sie auf einmal da war, gleich jenseits meiner dürftigen Flammen, näher und deutlicher als zuvor, und mich geradewegs ansah. Ich hatte die grauen Familienaugen in Erinnerung und das wellige dunkle Haar, das die meisten von uns haben, aber ich hatte nicht bemerkt, dass sie groß war, fast so groß wie mein Vater, und richtig schön, mit fast schon durchscheinender hellbrauner Haut und den Wangenknochen einer großen Katze. Ich sagte: »Hallo, ich bin's. Sooz.« Und nach einer kurzen Pause: »Ich bin auf dem Weg.«

Sie hörte mich – da war ich mir jetzt sicher –, konnte aber nicht zu mir sprechen, obwohl sie es offensichtlich versuchte. Ich sagte: »Führ mich weiter, weil ich nicht weiß, wo ich hinmuss. Aber ich werde dich finden. Egal, wie lange es dauert, ich finde dich.«

Und da lächelte sie. Verwandeltes Stück Holz hin oder her, einen Moment lang nahm es mir den Atem. Es hatte mir auch den Atem genommen, als ich das Einhorn zum ersten Mal sah, aber das jetzt war anders. Ich war anders. Sie streckte die Hand nach mir aus und sagte ganz eindeutig etwas … und dann war sie wieder verschwunden, und ich legte mich so nah an mein schwächelndes Feuer, wie es nur ging, und nagte an meinem Dörrfleisch, bis ich einschlief. Mein Mund war furchtbar trocken, aber es fühlte sich an, als wäre ich lächelnd aufgewacht. War ich ja vielleicht.

Ich werde nie sicher wissen, wann oder wo ich ins Land der Traumigen gelangte. Vielleicht passierte es ja in jener Nacht, vielleicht sogar ohne mein Wissen, während ich voll Wut auf meinen Vater davonstürmte und ihn schon vermisste, Holz hin oder her. Vielleicht genügt es ja, um den Weg dort hinüber zu finden, dass man wirklich – *wirklich* – nicht weiß, wer oder was man ist. Meine Schwester war schließlich gerade mal vier Jahre alt.

Alles, was ich wusste, war, dass die Landschaft, durch die ich kam, von Stunde zu Stunde wilder wurde, von erdrückend dichtem Wald nach und nach zu einer Gegend voll seltsamer Schemen von Bäumen und riesigen aufrecht stehenden Steinen und Bergüberhängen wie mächtige Augenbrauen. Ich sah nichts Bekanntes, erblickte flüchtig Tiere, die ich nicht identifizieren konnte, und hatte binnen eines Tages jede Orientierung verloren. Aber ich ging immer weiter, folgte vertrauensvoll den Weisungen, die mir das kleine Kastriermesser meines Vaters gab. Ich warf es voraus oder drehte es manchmal auf ebenem Boden und marschierte dann getreulich in die Richtung, in die die Spitze zu zeigen schien – dorthin, wo meine Schwester war …

… und derweil … derweil, als beobachteten sie ein Kind, das mit Stöckchen und selbst gemachten Puppen spielte …

Ich sah sie nie.

Nein, das stimmt nicht. Ich sah sie, aber nie als Männer, nicht, bevor es zu spät war. Sie waren wie Wolkenschatten: formlos und reglos bis auf leise Bewegungen je nach Laune des Winds, keiner bestimmten Himmelsrichtung treu. Sie machten auch nicht mehr Geräusche als Wolken. Selbst als sie mit mir machten, was sie machten, taten sie es geräuschlos. Ich glaube, es waren drei. Vielleicht auch vier.

Nein, es waren vier. Da war der, der die ganze Zeit vor sich hin sang, so leise, dass ich seine Anwesenheit manchmal vergaß. Aber wenn ich träume, erinnere ich mich an ihn, immer. Er ist immer da mit seinem traurigen kleinen Lied.

Als sie fertig waren, zogen sie mir die Kleider wieder richtig hin, sorgsam, ja, sogar behutsam, gerade so, als wollten sie mich beerdigen – und dann waren sie weg. Und ich war auch weg, weit weg von mir selbst in meinem Blut und meinem Schmerz und meiner schrecklichen Einsamkeit. Ich schlief halb und war halb wach, weinte halb, schrie ins Dunkel – denn inzwischen war es dunkel geworden – und zwang mich rasch, still zu sein, aus Angst, diese Männer könnten zurückkommen. Der Mond ging auf, und es tat mir weh. Ich bedeckte mein Gesicht mit beiden Armen.

Und ich wollte Molly Grue. Bis heute habe ich nie jemanden so herbeigesehnt wie da Mollys spöttisches, unscheinbares, wunderbares Gesicht. Nicht meine Eltern, nicht meine Mutter oder meinen Vater – *oh, sie dürfen nie, nie* … Meine Mutter würde mich in die Arme nehmen, und mein Vater würde jemanden dafür anstellen, dass er ihr mit den Schafen und Ziegen half, und sich auf die lautlose Jagd machen – mein Vater, der nie im Leben die Hand, geschweige denn eine Waffe gegen jemanden erhoben hatte. Aber Molly waren solche und schlimmere Dinge widerfahren, im Greenwood, als sie jünger war als ich, und sie war nicht gestorben … nein, sie hatte ganz und gar überlebt, gütig und furchtlos, um ihr Leben zu leben und ihren Zauberer zu finden – und ihr Einhorn. Und das würde ich auch, bestimmt … ganz sicher …

So lag ich dort unterm Mond und weinte nicht mehr – und auch danach nie wieder –, und als der helle Schemen sich über mich beugte, war ich bereit zu tun, was Molly getan hätte. Ich packte das Messer meines Vaters und stieß mit der ganzen Kraft, die mir die verzweifelte Wut verlieh, in das Dunkel über mir. Ich möchte gern glauben, dass ich irgendetwas Herausforderndes rief, aber da schmeichelt mir wohl meine Erinnerung. Woran ich mich aber wirklich erinnere und bis an mein Lebensende erinnern werde, das sind der kleine Schmerzenslaut, der auf mein Zustechen folgte, und die schrecklich süße Leichtigkeit, mit der selbst ein Bauernmesser durch Fleisch dringt. Und die Götter mögen mir verzeihen, aber in dem Moment fühlte es sich gut an – im Bauch und bis ins Mark –, und ich dachte, *auch das darf meine Familie nie erfahren. Nie … niemals …*

Mit dem Schwung des Zustoßens war ich aufgesprungen, und vor mir sah ich ein Mädchen – nein, eine Frau – in einem wollenen Bauernkittel, farblos vom langen Tragen. Sie war größer – wenn auch auf den ersten Blick nicht älter – als ich, langbeinig und breitschultrig, mit groben, fast tierischen Zügen. Das Messer meines Vaters – *mein* Messer jetzt – steckte in ihrer Seite, ein wenig unterhalb der rechten Brust.

Sie beugte den Kopf, um die Verletzung zu inspizieren, kein bisschen unsicher auf den Beinen. Dann zog sie lässig das Messer heraus und hielt es einen Moment in der flachen Hand. Leise, wie zu sich selbst, sagte sie: »Ich habe kein Glück.« Sie ließ das Messer neben mich fallen und berührte den Schlitz in ihrem Wollkittel, wovon ihre Hand voll mit Blut hätte sein müssen. Doch alles, was ich sah, war ein feines Rinnsal von etwas, das aussah wie staubfarbener Sand. Ich glaubte, das leise Rieseln der Körnchen hören zu können.

»Kein Blut«, sagte ich verdutzt. »Ich meine, gut – das ist gut, kein Blut –, ich meine, Entschuldigung, tut mir leid – habe ich dich verletzt?« Ich brabbelte vor Angst und Erleichterung wild drauflos, konnte aber nicht aufhören. »Sag bitte, habe ich dich verletzt?«

Sie schüttelte den Kopf, betrachtete mich ruhig mit Augen von derselben Farbe wie der seltsame Staub, der aus der Wunde in ihrer Seite kam. »Aber *du* bist verletzt – ich dachte, du seist tot oder lägst im Sterben. Ich wollte nachsehen – helfen, wenn ich könnte.« Ihr Lächeln war nur ein schiefes Mundwinkelzucken, aber es lag Belustigung darin. »Wie es aussieht, kannst du dir ja sehr gut selbst helfen.«

Ich wäre ihr fast vor die Füße gefallen, wenn sie mich nicht aufgefangen und festgehalten hätte. Ihr Körper an meinem fühlte sich seltsam an: schwer und von einer dichten Kälte, wie der Körper einer Schlange, aber irgendwie weder abstoßend noch furchterregend. Ich sagte: »Ich war mir sicher, du wärst einer von ihnen … diesen Männern. Bitte verzeih mir, es tut mir so leid.« Ich weinte nicht – ich hatte ja, wie gesagt, keine Tränen mehr in mir –, aber mein Körper bebte vom Drang zu weinen. Ich hörte mich kaum sagen: »Ich verstehe das nicht.«

»Wie solltest du? Du bist ja sicher noch nie jemandem wie mir begegnet.« Ihre Stimme war tief, so tief wie die eines Mannes. Sie sagte: »Mein Name ist Dakhoun.« Das ist nicht der ganze Name, den sie mir nannte, aber es kommt ihm so nahe, wie es mir möglich ist: So wie sie den Namen aussprach, ist er länger als alle Götternamen, zu einem verschmolzen, und klingt mehr wie ein Husten als wie sonst was. Ich habe sie immer einfach nur Dakhoun genannt.

»Ich bin Sooz«, sagte ich, und zu meiner Überraschung lachte sie ein bisschen. Selbst ihr Lachen hatte etwas Schwerfälliges: fast wie ein Mahlgeräusch. Offenbar klingt mein Name in ihrer Sprache beinah wie das Wort für ein Kinderspielzeug, so was Ähnliches wie die Becher-und-Ball-Spielzeuge, die mein Vater früher für Wilfrid und mich machte. Wenn sie meinen Namen sagte, kam er immer als Suuu-wus heraus.

Ich erklärte ihr, was mir widerfahren war, und entschuldigte mich noch mal für den Messerstich. Ich sagte: »Aber … es ist ja nur ein kleines Bauernmesser, von meinem Vater …« Ich hob es auf und zeigte es ihr auf meiner Hand. Ich erklärte ihr, wofür es war. »Siehst du, da ist nicht mal Blut dran … Es könnte gar niemanden töten.« Die Klinge fühlte sich seltsam warm an.

Dakhoun sagte ruhig: »Vielleicht könnte es ja nur einen *Laadriak* töten.« Das Wort schien aus ihrem Mund ausbrechen zu müssen, weil es sich fast an ihren Zähnen und Lippen verfing. »Vielleicht war das ja sein wahrer Zweck.«

»Laadriak.« Im schwachen ersten Tageslicht schien sie immer noch ungefähr in meinem Alter zu sein. Ihre Haut war goldbraun wie Wüstenhonig, aber ihre Augen und ihr Haar waren seltsam blass, hatten fast die Farbe von fließendem Wasser. Ich fragte: »Sind das deine Leute, die Laadriak?«

Dakhoun lachte wieder, aber gar nicht so, wie sie eben über meinen Namen gelacht hatte. »Der Stamm, in den ich geboren wurde, nennt sich selbst die Kadri. Laadriaki ist das Wort der Kadri für Leute – Wesen – wie mich. Die, die aus Stein sind.«

Der graue Staub rieselte immer noch aus der Wunde unterhalb ihrer Brust. Ich musste daran denken, wie hart und schwer sie sich in meinen Armen angefühlt hatte. Ich sagte dümmlich: »Stein. Die *Laadriaki* …« Ich schüttelte den Kopf, versuchte, sie nicht anzugaffen.

Dakhoun sagte: »Ab und zu, wenn auch selten, wird in meinem Stamm ein Kind geboren, das nicht … nicht aus menschlichem Fleisch ist. Der Brauch verlangt, dass ein solches Monster sofort vernichtet werden muss und nie mehr erwähnt werden darf. Und das ist ja auch sicher richtig.«

Die letzten Worte hatten eine ganz leichte Fragebetonung, als erwartete sie Zustimmung. Ich sagte nichts, und nach einem Moment fuhr Dakhoun fort: »Aber meine Eltern liebten mich von meinem ersten Atemzug an und wagten es, mich aufzuziehen und zu beschützen wie jedes andere Kind.« Ihre Stimme schien aus einem bodenlosen Brunnen der Müdigkeit und Traurigkeit zu kommen. »Hätten sie unter den Kadri nicht so einen hohen Rang gehabt, wäre ich jetzt nicht hier. Dennoch wurden die Furcht vor ihnen und der Zorn auf sie mit den Jahren so groß, dass ich mich eines Nachts um ihretwillen davonschlich und allein in die Welt hinauszog.« Erinnerung verdüsterte die blassen Augen, aber ihr Mund verzog sich wieder zu diesem plötzlichen schiefen Lächeln. »Um mein Glück zu suchen, wie es in den Märchen immer heißt.«

»Stein«, sagte ich wieder. »Aber ich … Aber das Messer – ich meine, es ging doch so leicht …« Ich brachte es nicht fertig, den Satz zu Ende zu formulieren, platzte stattdessen mit der Frage heraus: »Wie kannst du da aus … aus Stein sein?«

Dakhoun zuckte die Achseln, eine merkwürdig langsame, ja steife Bewegung dieser Partie ihres langen Körpers. »Soweit die Kadri überhaupt je über uns sprechen, heißt es, dass alle Laadriaki eine verwundbare Stelle haben – sonst würden wir über den ganzen Stamm herrschen, und zwar für immer.« Nach einem Moment setzte sie ausdruckslos hinzu: »Als ich klein war, war es die größte Freude anderer Kinder, meine Schwachstelle ausfindig zu machen. Es war, könnte man sagen, ein Lieblingssport.«

Ich dachte an die Spiele, die mein Bruder Wilfrid und meine Cousins ersonnen hatten, um sie mit mir zu spielen, wenn es niemand sah, und meine Kehle wurde eng. »Ich kann dir gar nicht sagen …«

Die Handbewegung, die mich schweigen hieß, war ungeduldig, aber auf eine freundliche Art. »Bitte, sag nie wieder, es tut dir leid, dass du mich zu töten versucht hast. Glaub mir, ich bin dir dafür weit dankbarer, als du dich deswegen grämen kannst. Es ist einsam, das zu sein, was ich bin – eine von einer verstreuten Handvoll Laadriaki, die jemals die Stunde ihrer Geburt überlebt haben, und meine Mutter und mein Vater …« Sie hielt inne, sah an mir vorbei. »Meine Eltern haben mir einen Bärendienst erwiesen, indem sie mich am Leben ließen. Ich bin verpflichtet, ihren Fehler zu korrigieren, und das ist alles. Aber ich muss mich auf jeden Fall um dich kümmern, bevor ich meine Suche fortsetze. Wenn du gestattest …«

Ich habe sie nie ihre eigene Sprache sprechen hören,

die Sprache der Kadri, deshalb weiß ich nicht, ob sie darin genauso förmlich und trocken-distanziert geklungen hätte wie in unserer. Ich protestierte schwach – wie fern erscheint mir jetzt meine Schamhaftigkeit von da, wo diese vier Männer meinen Körper und meinen Geist hinterlassen hatten –, aber es war doch tröstlich, dass eine andere Frau mich halten würde, mich, so gut sie konnte, von dem reinigen würde, was mir angetan worden war … was jemand anderem angetan worden war … irgendwo furchtbar anders …

Ich weiß nicht, wie lange ich schlief, während sie sich meiner annahm: mich mit ihrem eigenen Trinkwasser wusch, meine Verletzungen mit weichem, wohl von ihrer eigenen Kleidung abgerissenem Stoff betupfte. Ich wachte erst auf, als sie mich ins verfilzte Gras gebettet hatte und selbst aufstand, sich abwandte und den kleinen Reisesack aufhob, den ich bis dahin gar nicht bemerkt hatte. Sie wirkte blass und sehr müde.

Ich rappelte mich hastig hoch, was sie zusammenschrecken ließ. »Wo willst du hin?« Dann, als mir wieder einfiel, was sie zuletzt gesagt hatte: »Was suchst du denn? Vielleicht kann ich ja … helfen?« Der Gedanke, mit meiner Erinnerung allein gelassen zu werden, war plötzlich unerträglich.

Als sie sich zu mir umdrehte, waren ihre Augen so ruhig, dass ich dachte, vielleicht war sie ja wirklich aus Stein. Sie sagte: »Ich suche Onkel Tod. Ich glaube, ich hätte ihn letzte Nacht gefunden, wäre ich nicht deinetwegen von meinem Weg abgewichen. Aber ich werde ihn heute einholen – spätestens morgen. Er wird warten. Er hat es mir gesagt.«

»Oh«, sagte ich. Wir sahen einander an. »Ich suche meine Schwester. Sie ist mit den Traumigen – dem Guten Volk – fortgegangen, als sie klein war, und jetzt will ich sie finden. Aber ich habe mich verlaufen …« Plötzlich konnte ich nicht weitersprechen. Aber ich weinte nicht. *Nein.*

Dakhoun trat näher zu mir. Sie ließ ihren Reisesack fallen, schien es gar nicht zu bemerken. »Wie lange ist es her, dass du deine Schwester verloren hast? Zehn Jahre – fünfzehn …«

»Zwanzig … Ich war noch nicht geboren …«

»Und du weißt gar nicht, ob sie noch lebt …?«

»Doch, ich *weiß* es!« In dem Moment war ich einfach nur ein empörtes Kind. »Sie ist dreimal zu mir gekommen, und jedes Mal war ganz klar, dass sie will, dass ich sie finde und heimbringe, zu unserem Vater und unserer Mutter.« Gleich darauf korrigierte ich mich: »… zu unseren Eltern.« Auch wenn ich sie erst so kurz kannte, glaubte ich keinen Moment, dass ihr die Korrektur entgangen war.

»Zwanzig Jahre …« Dakhoun schien das an irgendjemanden zu richten, aber gewiss nicht an mich. »Hm. Und hier bin ich, die ich noch länger hinter Onkel Tod her bin und ihn immer noch nicht zu Gesicht bekommen habe. Da haben sich ja die Richtigen getroffen.«

Noch länger … Wie alt war sie denn dann? In dem Moment wusste ich nur eins: Ich wollte nicht, dass sie mich allein ließ. Ich sagte: »Wir beide also – eine Steinfrau auf der Suche nach dem Tod, der ihr offensichtlich immer wieder entwischt« – Dakhoun sah unwirsch drein, widersprach mir aber nicht –, »und ein verwandeltes Stück Brennholz, das seine Schwester sucht. O ja, da haben sich wirklich die Richtigen getroffen.«

Es spricht für Dakhoun, dass sie nicht sofort fragte, was in aller Welt ich meinte, wenn ich mich ein verwandeltes Stück Brennholz nannte. Entscheidend ist, dass sie zum ersten Mal richtig lachte. Es hätte aus einer anderen Kehle kommen können, dieses Lachen, so echt und warm und ganz und gar vergnügt klang es. Es hüllte mich für einen kurzen Moment in Geborgenheit, dieses Lachen, und ich höre es jetzt noch.

»Warum nicht? Warum eigentlich nicht? Schließlich sollte man auf dem Weg zu Onkel Tod immer Gesellschaft haben, und wir passen ja vielleicht wirklich ganz gut zusammen, wenn man's bedenkt.« Sie blickte scharf auf mich herab wie von einem hohen Ast. Sie sagte: »Aber wenn er sich zu mir umdreht – wenn er's schließlich tut –, dann musst du weggehen, ohne auch nur ein einziges Mal zurückzublicken. Wir haben beide etwas zu erledigen.«

»Abgemacht«, sagte ich. »Und wenn ich meine Jenia finde – und das werde ich – und sie von denen weghole, die sie gestohlen haben, dann gehen wir geradewegs nach Hause.« Vielleicht war es der Nachhall ihres Lachens, der mich hinzusetzen ließ: »Falls ich je den Weg finde.« Und zum ersten Mal lachten wir gemeinsam.

»Na dann«, sagte sie. »Wenn du dich in der Lage fühlst zu gehen. Der Tod hat gesagt, er würde auf mich warten, aber nicht ewig.«

Und so brachen wir zusammen auf, Dakhoun und ich.

4

Sie hatte so wenig Ahnung, wo der Tod zu finden sein könnte – trotz ihrer Selbstsicherheit merkte ich das schon am ersten Tag unserer gemeinsamen Wanderschaft –, wie ich, wo ich meine Schwester suchen sollte. Jenia hatte sich nicht gezeigt seit … seit diesen Männern … und ich wurde den Gedanken nicht los, dass es einen Zusammenhang geben musste zwischen dem, was passiert war, und ihrer Abwesenheit. Ich fuhr unterwegs immer wieder herum und starrte in alle Richtungen, in der Hoffnung, diesen Schatten, diese stumme Stimme, ins Dasein wünschen zu können, wenn ich nur angestrengt genug starrte und wünschte. Doch jedes Flüstern von ihr war nur in mir und sonst nirgends, und es blieb nichts, als vorwärtszutrotten, immer weiter durchs Land der Traumigen. Das Land der Traumigen …

Auch jetzt noch denke ich manchmal, dass es gar keinen solchen Ort gibt, dass ich mir nur eingeredet – ja, geträumt – habe, es gebe diese sich ständig verändernde Landschaft: Wüste, die zu Marschland wird, dann plötzlich zu Frühlingswiesen, zu Farmland, so schmerzlich ähnlich dem zu Hause, und gleich darauf zu dunklem Nadelwald. Alles so magisch und unwirklich wie nur irgendein Traumland … und noch unwirklicher dadurch, dass ich ein Blatt anfassen konnte oder ein Insekt über meine Hand krabbeln fühlte. Und wenn das keinen Sinn ergibt, kann ich auch nichts machen.

Manchmal kann ich mich beinah zu der Überzeugung bringen, dass das alles durchgeplant und vorbereitet war, extra für mich, wie bei einem dieser Heldendramen, die fahrende Schauspieltruppen auf dem Marktplatz aufführten. Aber meistens denke ich immer noch, sie erfanden es spontan, von Tag zu Tag, von Augenblick zu Augenblick, wie es Kinder tun. Kinder erfinden sich die Welt, wie sie sie brauchen, Tag für Tag.

Aber ich sah keine Kinder im Land der Traumigen. Kein einziges.

Außer dass ich unbedingt meine Schwester finden wollte, wollte ich an jenen ersten Tagen in diesem seltsamen Land niemanden sehen. Ich sah immerzu diese vier Männer, sah sie, wie sie mich sahen, diese vier, sooft ich den Kopf drehte, sah sie mich aus allen Schatten anblicken, vom Grund der Bäche, die Dakhoun und ich durchwateten, aus Baumwipfeln herab, aus Wolken, von hohen Felsen – so wie ich Jenia zum ersten Mal gesehen hatte. Jenia, wie sie mich sah …

Die Traumigen sahen mich auch.

Ich bemerkte sie erst, nachdem ich Dakhoun kennengelernt hatte – wenn man den Versuch, jemanden zu töten, als Kennenlernen bezeichnen kann. Vorher, als ich allein dahingewandert war, hatte ich Eichhörnchen gesehen, Vögel, kleine blaue Schlangen mit winzigen Händen, Schafe und Ziegen, wie sie meine Familie hielt – und noch ein paar Geschöpfe, die ich bis heute nicht benennen kann. Falsch, ich könnte es, aber ich will nicht. Doch die Traumigen, die, die meine Schwester geholt hatten, waren nicht mehr als ein gelegentliches leises Murmeln, eine flüchtige Bewegung, ein mitternächtliches Wispern, auch wenn ich wusste, was es sein musste. Dakhoun stieß mich manchmal mit dem Ellbogen an, gewöhnlich, ohne mich anzusehen, und zeigte auf raschelnde, leuchtende Schatten, die zuerst zu schnell waren, als dass ich sie genauer erkennen konnte.

Aber die Gesichter, als sie deutlich wurden …

Oh, diese hübschen, verlorenen, weisen, halb verrückten, drollig boshaften Gesichter der Traumigen, die mich aus Büschen, Dickicht, sogar aus Tümpeln ansahen – diese Gesichter, die plötzlich für einen Moment meinem ganz nah waren –, die in den Bäumen tanzten, auf Mondlicht herabglitten. Sie weckten mich durch Kichern und leises Lachen; sie sprachen zu mir, und ich verstand es beinah.

Meistens kamen sie kurz vor Tagesanbruch oder gleich nach Sonnenuntergang. Sie sahen nicht alle gleich aus, nach einer Weile erkannte ich Individuen wieder: die höhnisch keckernde hexenhafte Frau, den hinkenden Beinahebären, der flackerte wie eine Kerzenflamme, die Frau, die immer lautlos zwischen Dakhoun und mir herumzuschleichen schien, dann das dunkeläugige lachende Mädchen mit der Affenstirn, den sanftgesichtigen Mann, der aussah wie ein alter Engel … Waren das die, die sie mitgenommen hatten? Die sie von uns weggelockt hatten, als sie noch zu klein war, um zu wissen, was sie waren? »Die Traumigen« habe sie sie genannt, sagte mein Vater, weil sie im Schlaf zu ihr kamen. »Sie sangen Quatschliedchen und brachten sie zum Lachen …«

Mir sangen sie nichts vor. Zwischen ihrem spöttischen Leuchten und den Händen und dem Geruch jener vier Männer schlief ich schlecht im Land der Traumigen. Aber ich sah sie, und sie sahen mich … Sie sahen mich, so wie mich meine Schwester gesehen hatte, ganz ohne Zweifel, und jedes dieser heiter drohenden Gesichter mahnte mich, meine Suche aufzugeben und in die Welt, in die ich gehörte, zurückzufinden, weil hinter der nächsten Wegbiegung noch Schlimmeres wartete als das, was mir bereits widerfahren war. Oder hinter der nächsten Flussbiegung – denn da war jetzt ein Fluss, der neben uns märchenhaft glitzerte, ehe er sich zu diesen sanften Hügeln oder jenem dichten Wald davonschlängelte, während wir immer weiter stapften, mehr oder minder ostwärts. Nicht mal die Sonne und die Sterne waren in diesem Land verlässlich – ich verlor hier das Zeitgefühl so schnell wie die Orientierung.

Ich hielt ständig Ausschau nach ihnen, den Traumigengesichtern. Ich musterte sie begierig, eins nach dem anderen, wenn sie sich zeigten, versuchte, irgendwie hinter dieses Leuchten vorzudringen, zu jenem Zauber, der meine Jenia betört und von der Familie weggelockt hatte, die sie so liebte. Aber sie lachten und spielten mit mir und verrieten mir nichts, die Gesichter, und mir blieb nur, immer weiter zu wandern, zusammen mit der Frau, die ich mit aller Kraft zu töten versucht hatte.

Dakhoun war in mancherlei Hinsicht eine anstrengende Reisegefährtin, bis ich mich auf ihre Gewohnheiten und ihre Art eingestellt hatte. Sie schlug ein zügiges Tempo an, schritt mit ihren langen Beinen aus, dass ich mich oft beeilen musste, um hinterherzukommen. Von Zeit zu Zeit jedoch verließ sie unvermittelt den Pfad – wie auch immer er aussah und durch welche brandneue, von den Traumigen über Nacht für uns erfundene Landschaft er auch führte – und lief in großen Sätzen in diese oder jene Richtung davon, um manchmal fast eine halbe Stunde wegzubleiben, während ich weiterstolperte. Als ich sie nach dem Grund fragte, antwortete sie knapp: »Er ist durchtrieben. Er spielt Spielchen.« Sie mochte den Tod ja suchen, aber großen Respekt hatte sie nicht vor ihm.

Ob nun aus Stein oder nicht – und *dafür* sprachen bisher nur die kalte Schwere ihres Körpers und die Tatsache, dass die Wunde, die ich ihr unterhalb der Brust zugefügt hatte, sich nie ganz schloss –, sie war auf jeden Fall stärker als irgendjemand sonst, den ich kannte. Wie stark, erfuhr ich, als wir einen reißenden Fluss auf einer Hängebrücke überquerten – wie gesagt, die Landschaft veränderte täglich ihre Gestalt und Beschaffenheit – und ich durch eine Lücke im Rankengeflecht fiel. Dakhoun entriss mich der Leere, noch bevor ich richtig gemerkt hatte, dass ich fiel, und hievte mich an einem Fußgelenk auf festen Boden, wobei ihr Griff Spuren hinterließ, die sich tagelang hielten. Sie war nicht mal außer Atem, als sie mich umdrehte und auf die Füße stellte.

Als ich ihr, atemlos genug für uns beide, dafür dankte, dass sie mir das Leben gerettet hatte, sah sie verdutzt drein, als ob sie es im Schlaf getan hätte und es ihr jetzt erst bewusst würde. Sie antwortete in dem gespielt-brummigen Ton, der zunehmend unsere echteste Verständigungsform wurde: »Pass auf deine Füße auf, Kind! Ich kann dich nicht ewig vor allen finsteren Plänen bewahren, die sie gegen dich schmieden.« Ich lachte, was sie beabsichtigt hatte, und zusammen kamen wir heil über die Hängebrücke.

Essen war bestenfalls Glückssache, was Dakhoun überhaupt nichts ausmachte. »Warum sollte Stein essen? Es hat meine arme Mutter immer beunruhigt, dass ich nie an der Brust trinken wollte und auch später nur ab und zu etwas aß, um ihr eine Freude zu machen. Aber was soll Stein denn tun?« Soweit ich es mitbekam, lebte sie von Regenwasser; manchmal, selten, knabberte sie an einem Unkraut vom Wegesrand, das aussah wie Besenstroh. »Es schmeckt nach gar nichts, aber es ist ziemlich nahrhaft. Wenn man essen muss.«

Doch zu meiner Überraschung erwies sie sich als erstaunlich tüchtige Jägerin. Das Problem war nur, dass unsere Mahlzeiten – meine Mahlzeiten, genauer gesagt – zu seltsamen Uhrzeiten auftauchten, meist in der Morgen- oder Abenddämmerung, oft aber auch mitten in der Nacht, und dann weckte sie mich und bestand darauf, dass ich auf der Stelle aß. Was hieß, dass fast alles, was ich zu mir nahm – Wurzeln, Kaninchen oder Fisch – roh war, denn das hielt sie mit Abstand für das Gesündeste. Auf ihre Art tat sie ihr Bestes für mich.

Von Unterhaltung hielt sie nicht viel. Wir verbrachten ganze Tage ohne irgendein Wort zwischen *Guten Morgen* und *Gute Nacht,* außer vielleicht einem *Pass auf* bei einem Loch oder einem umgestürzten Baum. Bestimmt bereute sie manchmal, dass sie mir erlaubt hatte, mich ihr anzuschließen, was ich gut verstehen konnte. Selbst in meinem Alter schien einem doch offensichtlich, dass ernsthaft den Tod zu suchen, etwas Privates sein musste, und ich konnte nur beten, dass, wenn es so weit war und der Tod endlich hinter einer Biegung darauf wartete, sein lange versprochenes Treffen mit Dakhoun einzulösen, ich den Anstand haben würde, zurückzubleiben und sie allein weitergehen zu lassen. Ich fragte mich, ob ich einfach »Adieu, Freundin« sagen sollte, wenn der Moment kam. Ich wälzte das nachts ausgiebig in meinem Kopf.

Sie hatte eine stille Angst vor dem kleinen Messer meines Vaters, obwohl ich nichts sah, was darauf hindeutete, dass sie geschwächt war, kein Anzeichen von Schmerz in ihren blassen Augen oder ihrer Haltung. Das Messer schien allerdings weit schlechter dran, die Spitze war stumpf, die Klinge hatte böse Scharten, und das ganze Ding sah aus, als wäre es in einem Feuer gewesen. So orientierungslos ich mich auch seit jener Nacht, in der ich von zu Hause fortgegangen war, fühlte, hatte ich doch längst die Vorstellung aufgegeben, dass das Messer eine Art magischer Kompass war; jetzt machte es mich einfach nur beklommen, weil es mich an den Moment erinnerte, in dem es sich als unnütz für meinen Schutz erwiesen hatte. Ich hätte es mit Sicherheit weggeworfen, wenn Dakhoun es zugelassen hätte. Aber sie wollte nichts davon hören.

»Nein, das Flammenschwert eines Helden ist es nicht«, sagte sie oft, »und auch nicht der Stab der Weisheit eines Heckenhexers. Aber etwas daran war für dich bestimmt. Irgendwas … irgendwie …«

Eines Nachts, als sie zusah, wie ich eine fette Sumpfratte aufschlitzte – jedenfalls sah die Kreatur, nachdem ich zwei Tage gehungert hatte, wie eine Sumpfratte aus –, sagte sie nachdenklich: »Es ist ein Durli-Messer, wusstest du das? Das heißt, es stammt von den Durli-Bergen, von bestimmten Schmieden, die es verstehen, ein bestimmtes Erz in einem bestimmten Moment hinzuzugeben. Ich habe noch nie eine so kleine Klinge gesehen, die aus dieser Mischung geschmiedet wurde.« Sie drehte das Messer in der offenen Hand, behandelte es wie immer mit einem

Respekt, den ich ihm schon lange nicht mehr zollte. »Es ist gut gemacht«, sagte sie und mehr nicht.

Sie schlief nur selten und nie ganz. Eine kleine Bewegung hoch droben auf einem Ast, und schon war sie auf den Beinen. Meistens weckte sie mich aus den Träumen, die mich nach Luft ringend hochschrecken und mit meinem nutzlosen Messer wild auf das Flüstern und Lachen im Dunkel einfuchteln ließen. Sie hielt mich dann fest – wortlos wie immer –, bis ich wieder wusste, dass die Hände auf mir ihre waren.

5

Ich war es, die den Jungen sah, als er das erste Mal kam.

Wir hatten beide schon mehrmals morgens die Fußspuren gesehen, die um uns herumführten – zierlich und deutlich und beinahe menschlich, nur dass da immer vier Zehen waren, in der Mitte geteilt wie ein Huf, in zwei und zwei. Sie hatten etwas sehr Selbstbewusstes, diese Spuren; tatsächlich waren sie unseren schlafenden Köpfen unverschämt nah gekommen, aber keine von uns war je davon wach geworden. Dakhoun schüttelte die Faust, als sie sie sah, und fluchte in ihrer Sprache. Danach schlief sie eine Zeit lang gar nicht mehr.

An jenem Tag war sie auch das erste Mal unterwegs ins Wanken geraten. Abgesehen von der Sand absondernden Wunde gleich unterhalb ihres Herzens, die sich nicht schloss, hatte ich mich schon fast in dem Glauben gewogen, dass meine blindwütige Attacke auf ihr Leben nichts Gefährliches oder Schmerzhaftes hinterlassen hatte. Was mein Gewissen wieder aufschreckte, war nicht, diese starken Beine über einen umgefallenen Baumstamm stolpern zu sehen – es war der verstohlene Seitenblick, mit dem sie feststellen wollte, ob ich es bemerkt hatte. Die Schwäche kehrte nicht wieder, nicht an diesem Tag; Dakhoun schritt allenfalls noch schneller aus, und inzwischen kannte ich sie zu gut, um vorzuschlagen, langsamer zu machen oder gar eine kurze Pause einzulegen. Aber mein Wissen und meine Angst konnte ich nicht verbergen.

An jenem Abend, als sie mir auf einer von Kletterranken umwucherten Lichtung am Feuer gegenübersaß, sagte sie plötzlich aus fernem Schweigen heraus: »Es ist doch offensichtlich, dass wir deine Schwester nie finden werden. Du solltest nach Hause gehen.«

Bis ich den Mund öffnete, um ihr zu antworten, hatte ich nicht gewusst, wie tief meine Müdigkeit ging und wie gründlich sie sich in mein Herz gefressen hatte, seit der vor sich hin singende Mann sich an mir vergriffen hatte. »Wo ist denn zu Hause?«, fragte ich sie. »Meine Chancen, dorthin zurückzufinden, sind nicht größer als deine, den Tod zu finden, wie er's versprochen hat.« Das war mal ein Scherz zwischen uns gewesen, jetzt war es eine Tatsache wie das Atmen. Alles, was mir die Suche nach Jenia gebracht hatte, waren Vergewaltigung, Verlust und ein Dasein in der Fremde, und was ihre eigene Mission betraf … nun ja, der Tod hatte sie belogen wie so viele, und das war alles. Ich sagte: »Ich trage Verantwortung für dich. Ich kehre um, wenn du es tust, und keinen Moment früher.«

Sie starrte mich an. Ich erwartete Lachen, ein höhnisches Schnauben, weil ich mir anmaßte, irgendeinen Anteil daran zu haben, was aus ihr würde. Aber sie saß nur da und starrte mich an, als hätte sie mich noch nie gesehen, nie für mich gejagt, mich nie davor bewahrt, in einen reißenden Fluss zu stürzen. Ihre winterblassen Augen hielten mich genauso fest, wie es ihre zupackende Hand getan hatte, und ich sah jetzt den Stein: das steinerne Skelett hinter dem langsam schlagenden Herzen und das staubartige Blut, das immer noch aus der Wunde kam, die ich verursacht hatte. Und ich sah die Eltern, die es riskiert hatten, sie zu lieben, und dank derer – ich hatte es nie bezweifelt – sie für ein geschändetes Kind von ihrem Weg abgewichen war. Denn für sie war ich ein Kind, so wenige Jahre uns auch trennen mochten. Ich sah es in dem Moment in diesen Augen.

Sie saß immer noch am Feuer, als ich schließlich einschlief. Ich erinnere mich nicht, mich hingelegt zu haben, aber ich wachte liegend auf, unter ihrem Mantel, der von Tag zu Tag zerlumpter wurde und morgens immer feucht vom Nebel war. Dakhoun war nirgends zu sehen, aber fast genau an ihrer Stelle saß da ein Junge, der nicht älter zu sein schien als acht oder neun – das erste Kind überhaupt, das ich im Land der Traumigen sah. Er war fischbleich, mit Augen und Haar in der Farbe von Eismatsch, und er saß vorgebeugt da und musterte mich aufmerksam. Seine Ellbogen ruhten auf seinen Knien. Nein, *ruhen* ist für diesen Jungen ein völlig falsches Wort. Er schien imstande, aufzuspringen und augenblicklich zu verschwinden, als wäre er nie da gewesen. Als er sah, dass ich wach war, lächelte er mich mit spitzen kleinen Fischzähnen an, und ich sagte: »Wenn du der Tod bist, dann sucht dich Dakhoun.«

Die Fischzähne wurden noch sichtbarer, die Spitzen feucht glänzend. Ich war zu müde und fror zu sehr, um mich vor ihm zu fürchten. Ich sagte: »Sie kommt bestimmt gleich wieder. Warte auf sie.«

Seine Stimme war tiefer, als ich erwartet hatte, und zu süßlich. »Sie interessiert uns nicht, das arme Steinding. Du bist die, um die es uns geht, weil du der Spur einer Schwester, die du nie gekannt hast, durch ein Land folgst, das dich ärger hasst, als du dir vorstellen kannst, und das dafür sorgen wird, dass du hier verirrt und verloren stirbst, ohne sie je auch nur berührt zu haben. Und doch kommst und kommst du …« Er schüttelte gespielt-verwundert den Kopf. »Gezeichnet und gebrannt, wie du bist, kommst und kommst du immerfort … immer und ewig …« Das letzte Wort klang wie eine Glockenboje bei aufkommendem Sturm.

»Was soll ich sonst tun?«, fragte ich, so wie Dakhoun gefragt hatte: »Was soll Stein denn tun?«, als es um die Besorgnis ihrer Mutter ging, weil sie nie aß. Ich sagte: »Ohne meine Schwester gehe ich nicht nach Hause.«

»Dann wirst du nie nach Hause gehen.« Das Lächeln des Jungen – wenn es denn überhaupt ein Junge war – grub sich scharf in meine Haut. Genauso lächelte Dakhoun, aber da war der Schmerz anders. Ich wollte sie dann immer trösten, tat es aber natürlich nie.

»Warum habt ihr sie geholt?« Ich wusste nicht, dass ich das fragen würde, bis ich es hörte. Ich sagte: »Sie war doch noch ein Kind – ein Kleinkind sogar. Ihr habt sie gestohlen und dafür …«

Ich dachte, ich könnte es aussprechen. Ich versuchte es ein zweites Mal.

Der Junge sagte: »Sie gehörte zu uns, schon vor ihrer Geburt. Wir wussten, dass sie kommen würde.«

Ich weiß nicht, was ich ihm geantwortet hätte, denn in dem Moment sah er jäh auf und war augenblicklich verschwunden, genau, wie ich es mir vorgestellt hatte. Wo er gesessen hatte, stand Dakhoun; in ihrer Hand baumelte etwas, das aussah wie eine Art fusseliger Frosch mit nutzlosen Fledermausflügeln.

Die meisten Federn, wenn es denn welche waren, hatte sie gerupft.

Ich sagte: »Da war jemand, aber ich glaube nicht, dass es der Tod war. Ich habe ihm trotzdem gesagt, dass du ihn suchst.«

»Es kann nicht Onkel Tod gewesen sein«, sagte Dakhoun bestimmt. »Onkel Tod ist ein Täuscher – immer –, aber er hätte gewartet.« Sie hielt mir das Frosch-Etwas hin, und mir blieb keine andere Wahl, als ihr zu danken und so zu tun, als garte ich es in der Asche unseres erloschenen Feuers ein bisschen an. Sie sagte: »Was ich dir erzählt habe, war mein Ernst. Wenn du jetzt umkehrst und von hier weggehst – einfach genau den Weg zurückgehst, den du gekommen bist –, dann wird dieser Ort dich gehen lassen und dich sogar nach Hause zu deiner Familie führen. Ich weiß das, Sooz.« Sie nannte mich fast nie bei meinem Namen und bekam ihn kein einziges Mal richtig hin.

»Wenn *du*'s tust«, sagte ich und mehr nicht. Sie zuckte die Achseln und wartete stumm, bis ich mein Möglichstes mit dem Frosch-Etwas getan hatte und es hinunterwürgte, um sie nicht zu kränken. Dann brachen wir auf, obwohl es noch dunkel war. Tag oder Nacht, das machte für uns immer weniger Unterschied; Dakhoun schien zu wissen, wann ich Schlaf brauchte, bevor ich bereit war, es zuzugeben. Wir zogen weiter.

Wieder veränderte sich im Dämmerlicht die Landschaft – wir sahen sie geradezu unter unseren Füßen zu welligem blaugrünem Wiesenland werden. Leicht zu begehen und sogar frühlingshaft – im Gras leuchteten kleine lila Gänseblümchen –, aber von einem Weg oder einer Straße keine Spur und auch fast keine Bäume, daher kaum irgendwelche Traumigen, die ich bemerkte. Traumige mögen Bäume. Sie lugen ständig hinter ihnen hervor und bewegen sich darin so leicht und natürlich fort wie Eichhörnchen; manchmal sieht man sie im obersten Geäst regelrecht tanzen und Fratzen schneiden und diese Quatschlieder singen, die sie meiner Schwester im Schlaf sangen. Diese Lieder, die ich nie vergessen werde.

Ich sah den Jungen mit dem Fischlächeln – *verirrt und verloren hier* – uns ein ganzes Stück entfernt im Dämmerlicht folgen, tat aber so, als hätte ich ihn nicht gesehen. *Gezeichnet und gebrannt …*

Ich erfuhr nie, wie er hieß. Die Traumigen haben keine Namen – ich meine, ich denke sie mir nicht mit Namen. Die, die ich mit der Zeit wiedererkannte, dachte ich mir als so etwas wie das Katzenkaninchen … der einäugige Knurrer … die Deckendiebin …

Ich fragte mich, wie sie einander wohl nannten. Und ob sie einen eigenen Namen für meine Schwester hatten.

Als hätte sie meine Gedanken gelesen, fragte mich Dakhoun plötzlich: »Meinst du, sie erinnert sich noch an ihren Namen? In dieser Welt?«

Sie hatte mich das vorher schon gefragt. Ich hatte darauf keine Antwort, deshalb machte es mich wütend. Ich sagte: »Sie weiß, wer sie ist. Und sie kennt mich und versteckt sich nicht vor mir, so wie der Tod sich vor dir versteckt.« Das war so grausam, wie ich es meinte, und manchmal denke ich, es verletzte sie schlimmer, als es das kleine Messer meines Vaters je getan hatte. Ich entschuldigte mich vor Sonnenaufgang, und sie verzieh mir schneller als ich mir selbst. In gewisser Weise habe ich es mir nie verziehen.

Aber sie fand Jenia, als ich sie nicht finden konnte. Sie fand sie noch am selben Tag.

Es geschah spät, kurz vor der Abenddämmerung, was die Zeit ist, in der die Traumigen am aktivsten sind. Zu dieser Zeit holten sie auch Jenia … nein, sie holten sie nicht, nicht im Sinne von entführen … sie ging ja freudig mit ihnen. Ich musste mir das immer wieder in Erinnerung rufen, sah dann die Augen meines Vaters, als er es mir erzählte.

Dakhoun und ich machten für die Nacht in einer flachen Kuhle halt, die voll mit feuchtem Laub war. Jahreszeiten sind in jenem Land so bedeutungslos wie Tageszeiten oder die Landschaft: Man kann sich an einem milden Sommerabend schlafen legen und von Schnee im Gesicht oder dem Heulen eines Wintersturms geweckt werden. Ich lag da und starrte in den üblichen leeren Nachthimmel, wünschte, da wäre auch nur ein einziger Stern oder ein beruhigendes Anzeichen von Mondlicht. Aber Sterne sah ich im Land der Traumigen ebenso wenig, wie ich Kinder sah, und die Nacht war mondlos.

Ich musste ein bisschen geschlafen haben, denn plötzlich war ich hochgefahren, und Dakhoun beugte sich über mich, die blassen Augen so triumphierend, wie ich sie noch nie gesehen hatte. »Da!« Ihre Stimme, so leise sie auch war, knackte in meinen Ohren wie Feuer. »Da, siehst du sie?« Mit einer Hand zog sie mich am Arm hoch, und mit der anderen zeigte sie ins Dunkel. »Bring sie nach Hause, heute Nacht, los, geht, alle beide! Geht *nach Hause*!«

Kurz war da nichts außer Dunkel, Bäumen und den knorrigen Schatten von Bäumen. Nur das seltsame leise Wispern, das da immer war, die ganze Nacht – das Atmen der Traumigen, die sich in *ihrem* unruhigen Schlaf hin und her drehten. Jedenfalls hielt ich es gewöhnlich dafür: Ich weiß bis heute nicht, ob die Traumigen tatsächlich schliefen, so wenig, wie ich es von Dakhoun je sicher wusste. Ich wusste nur eins, jetzt, hier, noch halb im Schlaf, aber innerlich völlig klar: dass ich meine Schwester Jenia nie finden, nie nach Hause zurückkehren würde. In dem Moment war ich endlich zu erschöpft, um mich dagegen zu sträuben.

Und da sah ich sie.

Und sie sah mich. Sie stand allein auf der anderen Seite eines seichten Bachs, der uns schon eine ganze Weile begleitete – außer wenn er es nicht tat. Sie trug jene wunderschönen, beängstigenden Federn, an die sich mein Vater erinnerte – ich hatte noch keine Traumigen in etwas Derartigem gesehen –, aber in Form einer Art schlichten grauen Unterkleids, wie es meine Mutter spätabends, nach einem langen Arbeitstag, hätte tragen können. Sie war barfuß – nein, das waren weiche Schuhe, glimmernd von ihrem eigenen Zwielicht, wie dieses andere seltsame

Glitzern an ihrem Hals, fast verdeckt von ihrem Haar. Es hätte ein Anhänger sein können, ein Halsband, eine Halskette – ich wusste es nicht.

Und es war auch egal. Ich rannte auf sie zu, platschte durch den verschlafenen kleinen Bach und umschlang sie, so fest ich konnte, damit sie nicht wieder verschwand, so wie vor meiner Geburt und wie seither jedes Mal. Ich hielt sie fest und sagte immer wieder ihren Namen, als hätte ich Angst, eine von uns beiden könnte ihn vergessen. Sie versteifte sich zuerst, wich zurück – aber dann legte sie die Arme um mich und drückte mich an sich wie sonst nie jemand in meinem Leben. Auch nicht Molly Grue und König Lír. Auch nicht meine Mutter oder mein Vater. Gar niemand, nie.

»Du bist Jenia!«, sagte ich immer wieder. »Du bist Jenia!« Weil Dakhoun mir in Wirklichkeit doch Angst gemacht hatte, sie könnte sich vielleicht nicht erinnern, wer sie war und wie sie eigentlich hieß. Aber sie lachte nur und umarmte mich noch fester, bis ich kaum noch Luft bekam, und auch das war egal. Ich flüsterte, »Ich bin Sooz«, obwohl ich wusste, dass sie meinen Namen schon kannte. »Ich habe dich gefunden.«

»Ja«, sagte sie. »O ja – ja, das hast du.« Sie holte Atem, als müsste sie ihn erst auftreiben. Sie sagte: »Ja, das hast du, meine wunderbare kleine Schwester. Und jetzt musst du umkehren und mich hierlassen und vergessen.« Ihre Stimme war leise und zittrig, aber sehr klar – irgendwie fast schon zu klar. »Sag ihnen … sag ihnen, du hast mich nie gesehen, du hast überall gesucht, konntest mich aber nirgends finden.« Sie neigte meinen Kopf leicht nach hinten und lächelte mir in die Augen. »Oh, Sooz, sie werden ja so froh sein, dich wiederzuhaben. Sie werden dir keine Fragen stellen, das verspreche ich dir.«

Ich brauchte einen Moment – nein, mehr als nur einen Moment, wie konnte sie so etwas sagen? –, um Worte für eine Antwort zu finden. »Nein. Nein. Jenia, ich bin doch deinetwegen hier. Ich bin gekommen, um dich zu holen, dich zurückzubringen.« Wie konnte sie mich nicht verstehen? Nichts machte Sinn in diesem sternenlosen, kinderlosen Land, außer zu wissen, dass meine Schwester – das Ziel der Reise, der Zweck der Melodie, die ich immer wieder gepfiffen hatte, um sie zu lernen (oh, Molly!), der Lohn und Trost für alles, alles, alles – hier war, bei mir, endlich gerettet und auf dem Weg nach Hause, nach einem unmöglichen Leben in der Fremde.

Wie konnte es nicht so sein?

6

»Nein«, sagte ich noch mal, als hätte sie es nicht gehört. Aber sie war schon meinen Armen entglitten, auch wenn ich mich noch so verzweifelt an ihr schlichtes Kleid zu klammern versuchte. »Geh nicht! Sie dürfen dich nicht behalten – das lasse ich nicht zu!« Der Himmel drehte sich, mein Kopf und meine Ohren schmerzten von meiner eigenen jaulenden Stimme, und ich war sicher, dass ich mich gleich übergeben müsste. Nur die großen Lügengötter werden jemals wissen, was ich meiner verlorenen Schwester da alles versprach.

Doch die Traumigen drängten sich schon zwischen uns, tanzend und spöttisch schmachtend: »*Geh nicht … oh, meine Jenia, geh nie wieder weg!*« Sie versperrten mir den Weg zu ihr, und bis ich all die hungrigen Erscheinungen beiseitegestoßen hatte, war sie unter dem ganzen Lärmen und Lachen längst verschwunden. Ich konnte nur stehen bleiben, zitternd und hilflos. Sie hätte ebenso gut nie da gewesen sein können.

Neben mir sagte Dakhoun ruhig: »Sooz. Es ist Zeit, nach Hause zu gehen.«

Hätte ich anders reagiert, wenn sie es anders geäußert hätte? Wenn sie mich direkt angesehen, die Achseln gezuckt und einfach nur gesagt hätte: »Du hast sie ja gehört.« Oder gar nichts gesagt hätte, nur die Augenbrauen hochgezogen, wie es ihre Art war. Nein, ich glaube nicht … aber vielleicht hätte ich so was sagen können wie: »Das sehe ich anders. Tu du, was du tun musst, pass auf dich auf …« Und ich wäre losgelaufen, geradewegs hinter Jenia her, ohne Dakhoun noch eines Blickes zu würdigen, und das wäre es gewesen. Ich hätte sie wahrscheinlich nie wiedergesehen. Ich habe oft darüber nachgedacht.

Aber tatsächlich war es so, dass ich ihr antwortete: »Keine Chance. Kommt nicht infrage.« Und ohne sie noch mal anzusehen, folgte ich dem kleinen Bach dorthin, wohin sie verschwunden war. Ich schob mich zwischen den höhnischen Traumigen hindurch – den beinahe menschlichen Gesichtern, den Gesichtern, die kein bisschen menschlich waren, und den Körpern, Körpern, die so schön wurden, dass ich es nicht aushalten konnte, sie anzusehen, weshalb ich es nicht tat. Ich senkte einfach nur den Kopf und arbeitete mich weiter voran.

Ich dachte überhaupt nicht darüber nach, ob Dakhoun mir folgte, bis ich sie scharf sagen hörte: »Meine Freundin. Bleib jetzt stehen. Bitte.« Ich ging weiter. In sanfterem Ton sagte sie: »So viel Freundlichkeit bist du mir schuldig.«

Vielleicht war es dieses Wort, *Freundlichkeit*. Ich konnte mich nicht erinnern, sie dieses Wort je benutzen gehört zu haben. Es bewirkte, dass ich stehen blieb und mich zu ihr umdrehte.

Ich weiß nicht, ob jemand anders gesehen hätte, was ich in ihren blassen Augen sah. Ich glaube nicht. Jemand anders hätte wahrscheinlich ihren nimmermüden Schritt wahrgenommen, die Geduld, mit der sie auf mich wartete, wenn ich verschnaufen oder wieder zu Kräften kommen musste, selbst die Art, wie sie jede Nacht auf die Jagd ging, um mir etwas zu essen zu bringen, was ich nicht immer identifizieren konnte.

Aber wenn ich daran denke, ist alles, was ich sehe, die verlorene, flüchtige Wildheit in ihren Augen, eine Wildheit, die ich nie bei einem anderen Menschen gesehen habe. Sie verschwand immer gleich wieder, doch in dieser kurzen Zeit hätte Dakhoun eine vollkommen Fremde sein können, auch wenn ich sie noch so genau und eindringlich musterte und selbst dann, wenn ich blinzelte und den Kopf schüttelte. Aber ich erkannte diese namenlose Fremde, wenn sie kam und wieder ging. Ich wartete es ab.

Sie sagte: »Vor einiger Zeit hast du mal gesagt, du fühlst … dich für mich verantwortlich … du wirst nicht umkehren, bevor ich es tue. Weißt du noch?« Ich nickte. Dakhoun fuhr langsamer fort: »Ich habe länger gebraucht, als du ahnst, um mir einzugestehen, dass ich allmählich ähnliche Gefühle entwickelte. Ich war mein Leben lang allein unterwegs, seit ich erfahren habe, was ich bin. Außer meiner Mutter und meinem Vater hatte ich nie irgendwelche Freunde.« Sie versuchte zu lachen. »Du musst entschuldigen, ich könnte dir wohl nicht mal sagen, wie ein Freund oder eine Freundin aussieht und was er oder sie tut. Aber ich glaube, du könntest meine Freundin sein, wenn es dir recht wäre.« Sie wandte kurz den Blick ab, ob aus Scheu oder weil sie ihre Worte bereute, war mir nicht klar. Dann sah sie mich wieder an. »Wenn es dir recht ist.«

Da war sie wieder, diese Fremde, die ich nicht wiedererkannte, so wenig, wie ich im Schlaf jemals ein altes Lied wiedererkennen kann. Ihre Augen waren zugleich wild und einsam, hungrig nach etwas, das sie nicht benennen konnte, so wenig, wie ich einen Namen für sie finden konnte. Was ich in diesem Moment sah, war einfach nur eine großgewachsene, müde Frau, die immer noch dem Tod hinterherjagte, aber im Moment mehr als bereit war, sich mit Gesellschaft zu begnügen. Und was ich auch wusste oder nicht wusste, ich war es auch.

Sie streckte mir die Hand hin, nur ein klein wenig zögernd. Sonst streckte sie nur die Hand nach mir aus, um mir entweder das Leben zu retten oder mich festzuhalten, wenn ich allein irgendeinen Albtraum durchwanderte. Ich konnte nicht anders, als ihre Hand in meine Hände zu nehmen und genauso unbeholfen wie sie zu sagen: »Natürlich. Natürlich bist du meine Freundin.«

Sie lächelte. Das allein war in seiner Langsamkeit schon ein so köstlicher Anblick, dass ich mir nicht verkneifen konnte zu fragen: »Wer sonst?« Und wir sahen uns an und lachten beide.

»Also dann«, sagte sie. »Ich werde gehen, wohin du

gehst, aber wenn du entschlossen bist, Jenia auf *ihrem* Weg zu folgen, wirst du sie nie einholen.« Und nach einer kurzen Pause setzte sie hinzu: »Wie du weißt.«

»Ich weiß nicht, was ich sonst tun soll«, sagte ich. »Und ich gehe nicht ohne sie nach Hause. Das wissen die Traumigen.«

Dakhoun nickte. »Und ich auch. Aber es gibt einen anderen Weg, wenn du erlaubst.« Ich starrte sie an, und sie wiederholte, in der Meinung, ich hätte sie nicht verstanden: »Wenn du erlaubst?«

»Oh.« Ich blinzelte verdutzt. »Einen anderen Weg. Ja klar, auf die Idee bin ich gar nicht gekommen. Zeigst du ihn mir?«

Und ich war ehrlich dankbar, weil mir nichts anderes einfiel, als dem kleinen Bach zu folgen, um Jenia zu finden – wenn sie denn wirklich dort entlanggegangen war. Darüber hinaus hatte ich so wenig Ahnung wie zuvor, wohin ich meine Suche lenken sollte. Ich sagte: »Danke. Es ist gut, eine Freundin zu haben.«

Zu meiner Überraschung winkte mich Dakhoun energisch mit sich und ging fast wieder in die Richtung, aus der wir gekommen waren. Ich sah darin keinen Sinn: Der Weg führte gekrümmt außer Sicht, weg von dem Bach, durch den ich gestürmt war, um endlich meine Schwester zu erreichen. Ich protestierte laut, aber Dakhoun legte, ohne sich umzudrehen, den Finger an die Lippen und schüttelte den Kopf; die diversen Traumigen, die höhnisch hinter uns herflatterten, beachtete sie gar nicht. Ich merkte erst verspätet, dass der Weg sich noch weiter krümmte und schließlich mehr oder weniger parallel zum Bach verlief, wobei das Wasser allerdings nicht zu sehen war. Doch wenn ich still stehen blieb, konnte ich es murmelnd mit sich selbst reden hören, wie es Wasser tut. Ich sagte: »*Oh.* Ja.«

»Ich habe keine Ahnung, ob wir je mit deiner Schwester auf gleiche Höhe kommen. Oder wann. Aber wir wissen, in welche Richtung sie gegangen ist – dessen zumindest bin ich mir ziemlich sicher.« Sie seufzte und straffte die Schultern unter der Last ihres Reisesacks. »Also. Weiter?« Das war vorher nie eine Frage gewesen.

Und wir gingen weiter, durch dieses immer gleiche, sich planlos wandelnde Land. Ich verstand nur langsam, was Dakhoun praktisch von Beginn unserer gemeinsamen Reise an gewusst haben musste: dass »traumig« nicht nur die bezeichnet, die dort leben, die Wesen, die meine Schwester gestohlen hatten … meine Jenia, wie ich sie schon genannt hatte, bevor ich ihr begegnet war. Es bezeichnet *diesen Ort,* diese Kinderfantasie von einer Welt, wo man, wenn man nicht will, dass etwas *so* oder *so* bleibt, selbst machen kann, dass es anders wird. Es gibt keine Regeln, nie. Kinder hassen Regeln – außer für einen Moment, wenn sie *jetzt* ein neues Spiel brauchen. Ich weiß das. Ich bin selbst so – oder wäre es, wenn Malka nicht gewesen wäre. Malkas Regeln waren immer auch meine.

In gewisser Weise *gibt* es also keine Welt der Traumigen. Es gibt nur jetzt. Endloses *Jetzt.*

Wir gingen immer weiter, meine steinerne Gefährtin und ich. Ab und zu wurde ich langsamer oder blieb sogar stehen, weil da ein Paar Traumige war, das ich noch nie gesehen hatte: zwei Halbbären, die einander durchs Unterholz jagten; ich weiß bis jetzt nicht, was die andere Hälfte eigentlich war. Eine Gruppe von Wesen, die einen verführerischen Moment lang wie Kinder aussahen, versperrte uns fauchend den Weg, bis wir sie fast erreicht hatten, dann verwandelten sie sich im Davonhüpfen in kleine Baumfrösche.

Ich gaffte ihnen nach, vergaß, wo ich war, und wünschte schon fast, sie würden ihr ewiges Spiel unterbrechen und mit mir reden. Denn abgesehen von dem seltsamen Jungen mit den zu spitzen, glitzernden Fischzähnen, der am Morgen an meinem ersterbenden Feuer gehockt hatte, hatte ich in all den Tagen, die ich jetzt schon durch ihr Land wanderte, noch mit keinem Traumigen gesprochen. In Wahrheit hatte ich meine Angst vor ihnen nie ganz überwunden. Jetzt kann ich das zugeben. Zum Teil lag es daran, dass sie in meinem Kopf für immer mit jenen Männern verquickt waren, die dort lebten und immer noch leben – immer noch, immer noch, und nur Dakhoun darf es jemals wissen.

In einer kalten Nacht wachte ich auf, nicht aus einem Albtraum, sondern mit einer Frage, die mich aufschrecken und ins Dunkel starren ließ wie in vielen weiteren Nächten. Was, wenn sie mit mir nach Hause gehen wollte – ich träumte beim Einschlafen so oft davon –, es aber aus irgendeinem Grund nicht *konnte*? Plötzlich hellwach, dachte ich dann, *angenommen, sie will wirklich mit mir von hier weg, kommt aber hier nicht raus, kommt nicht durch den Ausgang, sosehr sie sich auch bemüht. Was dann? Was mache ich dann?*

Ich musste daran denken, wie der Junge gesagt hatte: »Sie gehörte zu uns, schon vor ihrer Geburt …« Was bedeutete das? Wann waren meine Schwester Jenia und ich – getrennt und im Abstand von Jahren – wirklich ins Land der Traumigen hinübergelangt? Wo hatten wir die Grenze überquert? Würde ich es je wissen? Konnte ich darauf vertrauen, dass eins dieser Wesen es mir sagte?

Dakhoun ... Dakhoun hatte es mir mal gesagt, aber ich hatte nicht auf sie gehört. Wenn ich umkehrte und zurückginge, genau den Weg, den ich gekommen war, dann würde ich zu Hause sein, bevor mich die Traumigen aufhalten konnten. Wie lange das alles her schien ... bevor diese Männer mir wehgetan hatten, vor Dakhoun selbst. Als ich sie danach fragte, während wir dahinstapften, war ihr Achselzucken kaum sichtbar. »Warum fragst du mich das? Du bist entschlossen, ihr zu folgen, und wirst es tun, so wie ich irrwitzigerweise entschlossen bin, dich zu begleiten, obwohl wir nur raten können, wo wir sind und wo wir hinmüssen. Wofür ist das jetzt wichtig?«

»Ich habe keine Wahl – das habe ich dir doch gesagt!« Sie machte sich nicht mal die Mühe, mit den Schultern zu zucken. Danach sagten wir lange gar nichts.

Ich sah Jenia zweimal an jenem Nachmittag. Beim ersten Mal war sie von etwas umgeben, das aussah wie ein einziger Schwarm von Glühwürmchen, die aufglühten und wieder erloschen, sogar in ihrem Haar. Aber wenn man lange genug hinsah, wurden sie zu einzelnen Scharen von niedlichen Käferchen ... nur dass sie, wenn man noch genauer hinsah, doch nicht so niedlich waren. Beim zweiten Mal ging sie einfach nur jenseits des Bachs allein dahin. Ich wäre sofort zu ihr gerannt – sie schien so einsam und allein, keine Traumigen, die sie umringten und vorandrängten. Aber Dakhoun berührte mich wortlos am Unterarm, und ich sah, dass drei, vier Kreaturen Jenia in einigem Abstand flankierten. Sie waren größer als die üblichen Traumigen, nicht viel, aber doch merklich, und sie waren die ersten, die ich in den leuchtenden Federn sah, von denen mir mein Vater erzählt hatte. Ich weiß nicht genau, wie ich sie beschreiben soll, außer dass sie alle beinah schön waren, aber doch nicht ganz. Ich *glaube*, ich meine, dass sie irgendwie da und dann nicht da und wieder da waren; sie taten einem in den Augen weh, nur ein bisschen, sie flimmerten zwischen *hier* und *dort*, nur ganz leicht, zwischen *weg* und *wieder da* und *beinah*, nur so gerade eben. Sie fühlten sich gefährlich schön an, aber man bekam einfach kein richtiges Bild von ihnen, weil sie nie ganz still hielten … nie ganz. Besser kann ich's nicht sagen, und ich weiß, es ist nicht richtig.

Ich wäre trotzdem zu ihr gerannt, wäre da nicht Dakhouns Gesichtsausdruck gewesen. Ich flüsterte: »Was? *Was?*« Vom Drang, meine Schwester wieder festzuhalten, zitterten meine Beine.

Dakhoun sagte ganz leise und deutlich: »Wenn du tust, was du tun willst, dann verschwindet sie, und diesmal wirst du sie nie wiedersehen.« Ich weiß noch, ich war immer noch in der Stellung zum Losrennen, als sie das sagte. Sie fuhr fort, ruhig wie immer: »Im Moment glaubt sie, dass du ihre Worte befolgt hast – aufgegeben hast und nach Hause gegangen bist. Diesen Fehler wird sie nicht noch mal machen, und sie weiß sich an diesem Ort viel besser zu verstecken, als du es je wissen wirst. Bleib, wo sie dich nicht sehen kann, und komm weiter. Tu's, Sooz.«

Sie hob die Stimme kein bisschen, aber es war erst das dritte Mal, seit ich sie kannte, dass sie mich bei meinem Namen nannte. Wir gingen weiter. Kurz darauf war Jenia nicht mehr zu sehen – der Weg führte durch eine Senke, und dann verbarg ein Gestöber von etwas, das aussah wie fliegende Blumen, sie ganz und gar. Den gesamten restlichen Tag sahen wir sie nicht wieder.

An jenem Abend schöpften wir Wasser aus dem Bach und kümmerten uns gar nicht erst um ein Abendessen. Dakhoun bot höflich an, jagen zu gehen, wie immer, aber ich war zu müde und traurig, um auch nur darüber nachzudenken, ob ich Hunger hatte. Ich machte ein Feuer – etwas, was die Traumigen, wie ich bemerkt hatte, nie zu tun brauchten –, während Dakhoun dasaß und mich unverwandt beobachtete, was mich immer nervös machte. Seltsam, wenn man sichs überlegt: Diese steinerne Freundin, die mich verarztet und getröstet, die mir Essen beschafft und mich vor allen Gefahren beschützt hatte, konnte mich immer noch irritieren und verwirren und mir manchmal auch Angst machen. Und die Wunde in ihrer Seite, die ich ihr zugefügt hatte, schloss sich nie ganz.

Schließlich sagte ich matt: »Glaubst du … morgen?«

Dakhoun vollführte das, was ich für ein Achselzucken befunden hatte. »Morgen, übermorgen, ich kann es dir nicht sagen. Früher oder später … ja, früher oder später werden wir sie einholen. Und dann wirst du eine Chance haben – eine einzige Chance, hörst du? –, sie dazu zu bringen, mit von hier wegzukommen, mit dir nach Hause zu kommen.« Sie wandte sich ab und legte sich hin. »Wie du das machst, liegt ganz bei dir.«

Ich sagte nichts. Irgendwann, als ich längst dachte, sie schliefe, sagte sie: »Wenn ich noch eins sagen darf …« Ich antwortete nicht. Dakhoun sagte: »Du darfst nicht losrennen und dich auf sie stürzen. Dann verschwindet sie, *schnipp* …«, und sie schnippte tatsächlich mit den Fingern. »*Schnipp*, und du wirst sie nie wiedersehen, das verspreche ich dir.« Dann schlief sie wieder ein, aber ich nicht. Ich schlief in jener Nacht gar nicht.

Und auch nicht in der nächsten – nicht viel jedenfalls. Nicht nur war von Jenia nichts zu sehen oder zu hören, wir verloren auch zum ersten Mal den kleinen Bach aus den Augen, der immer rechts von uns gewesen war. Der Weg bog ab, verlief nicht mehr parallel zum Wasser, sondern machte fast schon kehrt und verschwand in einer Welt von blühenden Bäumen mit Büscheln von lila Blättern wie schläfrige Augen. Ich blieb stehen und sah Dakhoun an, als ich merkte, dass ich das Wasser überhaupt nicht mehr hören konnte. Sie blickte zurück, ohne etwas zu sagen oder auch nur anzuhalten.

Ich hob an: »Vielleicht sollten wir überlegen …« Aber dann brach ich ab, weil es keinen Sinn hatte weiterzusprechen. Es gab keinen anderen Weg, nur den unter unseren Füßen, und wir konnten nur hoffen, dass er irgendwann, irgendwo wieder zum Bach und zu Jenia zurückführen würde. Im Rückblick scheint mir, dass ich an diesem Punkt keinerlei Hoffnung oder Visionen mehr hatte. Ich hatte nur schiere, blinde Sturheit. Manchmal reicht das.

Während des langen stummen Dahinwanderns, das den ganzen restlichen Tag einnahm, dachte ich, was ich noch nie getan hatte, nicht an meine Mutter und meinen Vater, sondern an Dakhouns Eltern, die sie gegen alle Regeln und Gebräuche geliebt und dann einfach allein hatten weggehen lassen. Hatten sie gewusst, dass sie so hartnäckig den Tod suchen würde wie ich meine Schwester? Das konnte ich nicht glauben … Aber letztlich, was wusste ich schon, was irgendwer über irgendwas wusste? Meine Mutter, die immer noch auf dem Markt die kleinen Küchlein kaufte, die ich so gern gemocht hatte … Mein Vater, der nachts immer sicher sein musste, dass ich zu Hause war – mein Vater, der hatte mit ansehen müssen, wie ich zu den Traumigen davonlief, genau wie *sie* …

Ich hörte auf, darüber nachzudenken, weil ich es in dieser zweiten Nacht schließlich musste. Und da schlief ich dann, aber ich träumte. Ließ es geschehen. Ich schlief, und ich träumte, und Dakhoun weckte mich nicht. Ließ es geschehen.

7

Als ich aufwachte, war es mehr als düster, aber nicht dunkel, und Dakhoun war nicht da. Doch als ich mich aufrappelte und nach meinen Stiefeln tastete, sah ich die wartenden Schatten.

Es waren zwei. Einer sah fast menschlich aus – für einen Traumigen jedenfalls. Es war eine Sie. Sie hätte eine Art Prinzessin sein können, mit Robe und Diadem und allem und diesem kühlen, eleganten Gesicht, nur dass sie Klauenhände mit Extrafingern hatte. Sie war schön, ganz ohne Frage, wohl das schönste Wesen, das ich je gesehen habe. Aber sie machte mir Angst.

Der andere Schatten … Ich kann nicht sagen, wie er genau aussah, auch jetzt noch nicht, nicht mal, wenn ich die Augen zumache und ihn deutlich sehe. Nicht so, wie ich jene vier Männer sehe – ich werde sie immer sehen, für alle Zeit, und damit hat sichs. Das hier war anders.

Er war groß. Richtig *groß*, was als solches schon seltsam war. Traumige sind gewöhnlich nicht groß – ich meine, sie können es vermutlich sein, wenn sie wollen, ich glaube nicht, dass sie so an ihre Gestalt gebunden sind wie wir. Aber ich habe eigentlich nie einen Traumigen gesehen, der größer war als ein ordentlich großer Mensch – außer diesem einen. Er war so groß wie der alte Schubladenschrank meiner Mutter, bei dem nicht mal mein Onkel Ambrose ganz oben drankommt ... Er war so groß wie ein Elefant, wobei ich noch nie einen gesehen habe. Aber ich weiß, dass das ihre Größe ist.

Wie die Frau sah er auf eine beunruhigende Art gut aus. Ich hatte das Gefühl, wenn er losließe, wenn er sich losließe, dann käme statt eines gewinnenden, freundlichen Manns ein böses *Etwas* zum Vorschein, aber er hielt es die meiste Zeit im Zaum. Nur manchmal klappte es nicht ganz, und dann glommen die Augen hindurch. Aber man musste darauf achten.

Ich sagte: »Ich warte auf meine Schwester. Ich gehe nicht weg.« Ich musste es zweimal sagen, weil es beim ersten Mal nicht deutlich herauskam.

Die Frau – oder was sie auch war – lächelte mich an. Sie hatte ein beinah freundliches Lächeln. Sie sagte: »Nein, das wirst du nicht. Nie.«

Nie meine Jenia finden? Nie hier hinauskommen – aus diesem endlosen Königreich ohne König –, nie zurückfinden zu meinen Eltern und unseren Ziegen und dummen Schafen? Oder meinte sie etwas anderes, etwas viel Schlimmeres? Etwas, woran ich noch gar nicht gedacht hatte?

»Nicht, bevor ich sie wiederfinde«, sagte ich ganz laut,

weil ich in dem Moment Unerschrockenheit dringend nötig hatte. »Danach gehen wir, und niemand kann uns aufhalten. Wir gehen zusammen nach Hause.«

Die Frau lächelte immer weiter, aber das Gesicht des großen Mannes veränderte sich. Er flüsterte das, was ich schon den Fischjungen hatte sagen hören. *»Sie gehörte zu uns, schon vor ihrer Geburt …«* Aber dann setzte er – nicht lauter, aber schrecklich klar – hinzu: »Und du auch. Du auch.«

Die Frau warf ihm einen strengen Blick zu, als hätte sie ihn ermahnt, das nicht zu sagen. Dann waren sie beide weg, spurlos verschwunden, und ich musste mich hinsetzen, weil meine Beine nicht mehr mitmachten. Normalerweise tun sie ja, was ich von ihnen will, aber Unerschrockenheit hat nun mal ihren Preis.

Ich stand wieder, als Dakhoun zurückkam, das weiß ich. Sie erschien aus dem Morgengrauen, mit einem Armvoll leuchtend roter Früchte, deren Namen ich mir nicht merken kann. Diese Früchte wachsen bei uns zu Hause nicht, und ich *mag* sie nicht wirklich, kann mich aber irgendwie schon damit anfreunden, und Dakhoun erspähte sie immer. Ich sagte, noch immer wie vor den Kopf geschlagen: »Wo warst du? Sie waren gerade hier!«

»Ich weiß.« Dakhoun blieb so ruhig und emotionslos wie immer. »Ich habe sie gesehen.«

Ich wollte fragen: »Hast du gehört, was er gesagt hat? Was er zu mir gesagt hat?« Aber ich ließ es sein. Ich weiß nicht genau, was mich die Worte zurückhalten ließ, außer dem frustrierenden Wissen, dass ich nach all der Zeit, die wir jetzt zusammen unterwegs waren, immer noch nicht herausbekommen konnte, was im Kopf dieser Steinfrau wirklich vor sich ging. Seit der schrecklichen Nacht, in der wir uns begegnet waren, war sie mir klaglos gefolgt, wohin mich die Suche nach meiner Schwester Jenia in diesem endlosen, einen ständig zum Narren haltenden Land auch trieb, und ich wusste, ich schuldete ihr weit mehr, als sie mich je zurückzuzahlen gebeten hatte. Und dennoch, dennoch … an irgendeinem Punkt hatte ich es aufgegeben, erfahren zu wollen, wer sie war. Sie könnte mir ewig folgen oder sich abwenden und davongehen, verschwinden, ohne sich noch einmal umzudrehen. Und ich würde nie verstehen, warum, nie mehr wissen als jetzt.

Also sagte ich nur: »Oh. Na gut, wir müssen los. Danke für die Früchte – ich esse sie unterwegs.«

Und ich aß sie allesamt auf. Wie gesagt, man konnte sich dran gewöhnen.

Vielleicht war es ja ein bisschen wie mit dem Land der Traumigen überhaupt. Nein, das stimmt nicht – ich habe mich in diesem unheimlichen Land keine Minute entspannt oder wohlgefühlt, keine einzige. Aber auch wenn ich nie mehr dorthin zurückkehre – und das werde ich nie, nie tun –, lässt es mich doch nicht los, und ich weiß es, und dieses Wissen jagt mir bis heute nächtliche Angst ein. Aber ich weiß, was mein Vater flüchtig davon mitbekam, obwohl er das Land der Traumigen selbst nie gesehen hat. Und ich glaubte zu wissen, warum Jenia der Meinung war, dass sie dort hingehörte, und nicht mit mir nach Hause kommen wollte. Was, wie sich herausstellte, falsch war, aber so war es nun mal.

Wir sahen an diesem Tag und am nächsten keine Spur von ihr und auch von den Traumigen nicht viel. Es war Tiefland, das wir durchquerten, deshalb gab es nicht viele

Bäume – die Traumigen lieben wie gesagt Bäume –, und der Boden war ihnen wohl großenteils zu feucht. Mir gefiel es hier, denn wohin man sah, wuchsen Blumen aller Art, purpurrot und gelb, so leuchtend, dass es einem in den Augen wehtat, und bunte Büsche, die aussahen, als wären sie gerade erst mit Farbe bespritzt worden. In manchen hätten schon fast junge Vögel sitzen können oder große Schmetterlinge, die in die Luft emportanzen würden, wenn man einen Moment wartete. Es war nicht das, was wir suchten, aber es war hübsch. Das muss ich sagen.

Wir fanden immer ein trockenes Plätzchen, um unsere Decken auszubreiten und es uns bequem zu machen, ohne groß zu reden. Ich erinnere mich, wie ich einmal ohne Vorwarnung sagte: »Ich gebe nicht auf, das weißt du.« Dakhoun nickte, ohne den Kopf zu drehen, und antwortete: »Das habe ich auch nie gedacht.« Und ich sagte noch mal, lauter: »Ich tu's nicht, egal, wie lange es dauert.« Dakhoun nickte wieder, und das war es für diese Nacht.

Und dann tauchte der ewige Weg steil hinab, machte eine sanfte Rechtskurve – ich erinnere mich an Gruppen von etwas, das aussah wie Weiden, nur anders –, stieg dann jäh empor und schüttelte sich wie ein Pferd, das uns abwerfen wollte, und wurde wieder eben … und da war sie. Oh, da war sie.

Sie war mit einer kleinen Gruppe von Traumigen unterwegs – nicht vielen, es wirkte zunächst, als wären es mehr, durch die Art, wie sie sich um sie scharten. Aber ich hätte Jenia jederzeit erkannt, selbst auf diese Entfernung. Sie war mitten unter ihnen für sich, wenn man versteht, was ich meine, sie ging allein, drehte sich manchmal kurz hierhin oder dahin, redete aber nicht wirklich mit jemandem. Ich ging schneller.

Neben mir sagte Dakhoun nur: »Denk dran.«

Ich blieb stehen. Die Steinfrau sagte nichts mehr; sah mich nur ruhig an, die blassen Augen so unentzifferbar wie immer, und wartete. Ich sagte: »Ich weiß. Ich werde dran denken. Aber ich muss es versuchen.«

Die letzten Worte kamen nur als ein Murmeln heraus, und ich weiß nicht, ob Dakhoun sie verstand oder nicht. Ich ging weiter, ohne mich umzublicken, bemüht, mich so langsam zu bewegen wie Jenia. Sie sah mich auf sich zukommen, und selbst auf die Entfernung erkannte ich, wie ihr Körper sich anspannte, um wegzulaufen. Ich wusste nicht, was ich tun würde, wenn sie weglaufen wollte, egal, was Dakhoun gesagt hatte. Doch sie drehte sich wieder her und wartete einfach nur, dass ich sie erreichte.

Diesmal legte sie nicht die Arme um mich, aber sie lächelte, vorsichtig und wachsam. Ich meinerseits griff nicht nach ihr, obwohl ich es bei allen Göttern wollte. Ich erinnere mich nicht mal, sie angelächelt zu haben. Schließlich sagte sie meinen Namen und weiter nichts. *»Sooz …«*

Ich sagte: »Unsere Mutter vermisst dich.«

Sie schüttelte den Kopf, noch immer geduldig lächelnd. »Sie ist deine Mutter. Nicht meine.«

»Du verwechselst da was«, sagte ich. Ich sprach leise, aber die Traumigen drifteten allmählich auf uns zu, wie zuvor schon. Ich sagte: »Du bist von ihr geboren worden, du kamst aus ihrem Bauch. Ich lag in einem Korb vor ihrer Tür – ich und Malka. Wusstest du das?«

Was für eine blöde Frage: Wie hätte sie es denn wissen sollen, wo sie doch nie zurückblickte. Aber es zeigte Wirkung – ich sah es an ihren Augen und hörte es an ihrem Atem. Sie setzte zu einer Antwort an, doch ihre Stimme war so leise, dass ich nichts verstand. Ich trat näher an sie heran, ohne mich zu Dakhoun umzublicken, die jetzt, wie ich wusste, zu mir aufgeschlossen hatte.

Ich sagte: »Dein Vater hat dich mit den Traumigen davonlaufen sehen, als du vier Jahre alt warst. Wir nennen sie nur deshalb so, weil du sie immer so genannt hast. Erinnerst du dich?« Als sie nichts sagte, fragte ich noch mal: »Erinnerst du dich an jenen Tag? Weil dein Vater ihn nämlich sein Lebtag nicht vergessen wird. Er geht nachts, wenn er nicht schlafen kann, durchs Haus und guckt in mein Zimmer, um sich zu vergewissern, dass ich da bin. Ich höre ihn immer.«

»Sooz«, sagte Jenia. Zum ersten Mal klang ihre Stimme wie die von jemand anderem, jemandem, der eine andere Sprache zu sprechen versuchte. »Sooz, nicht.«

Aber ich sprach weiter, weil ich musste. Ich musste. Meine Stimme bröckelte, obwohl ich mich so darum bemühte, dass sie fest blieb. »Ich weiß, dass du dich erinnerst. Rede mit mir.« Sie wandte das Gesicht ab. Ich fasste immer noch nicht nach ihr, trat jetzt aber so dicht an sie heran, dass ich sie riechen konnte, ihren Atem, der mich durchdrang wie Winterkälte. Ich sagte: »Ich habe gar nie von dir erfahren, weil sie es nicht ertragen konnten, von dir zu sprechen. *Sie* kann es immer noch nicht, und *er* erinnert sich nur an deine Geburtstagsfeier und daran, wie glücklich du aussahst, als die Traumigen dich an den Armen schwangen, so wie *sie* es immer machten. Erinnerst du dich?« Und ja, es lässt sich nicht leugnen, ich schrie jetzt, obwohl Dakhoun mich ansah. »*Erinnerst du dich?*«

Die Traumigen drängten sich zwischen uns, trennten mich von Jenia. Es war mir egal, ich schrie immer weiter: »Erinnerst du dich, *wer du bist?*« Sie drehte das Gesicht nicht wieder zu mir.

Ein sehr kleiner Traumiger – er sah ein bisschen wie ein wütendes altes Baby aus – trat mir ohne Vorwarnung in die Beine, und ich brach in die Knie. Ich sah nicht, wie Dakhoun sich bewegte, aber ich sah ihn davonflitzen, als sie mich rasch hochzog. Sie gab keinen Laut von sich, aber ihre Zähne waren gebleckt.

Ich entwand mich Dakhouns Griff, noch immer nach Luft schnappend. So laut ich konnte, schrie ich über die Köpfe all dieser zusammengescharten Traumigen hinweg: »Das hier ist nicht dein Zuhause! Du bist nicht von hier!«

Plötzlich sah sie mich an und zwängte sich zwischen den konfusen Klumpen von Kreaturen hindurch, die aussahen wie Leute. Sie widersetzten sich ihr nicht direkt, aber sie machten eine Art Feuergeräusch, ein Knistern und Knacken. Sie beachtete sie gar nicht; sie hätten ebenso gut gar nicht da sein können. »Ich kann nicht nach Hause gehen, Sooz. Das könnte ich nicht wagen.«

Sie sagte nicht: »Das würde ich nicht wagen.« Das hätte ich mitgekriegt. »Das könnte ich nicht wagen«, ist was anderes. In dem Moment war mir der Unterschied nicht richtig klar, ich wusste nur, irgendwas stimmte nicht.

»Wovon redest du?«, fuhr ich sie an. »Natürlich kannst du nach Hause gehen! *Sie* warten auf dich – sie haben immer auf dich gewartet! Und du hast es immer *gewusst*!« Das war es, was mich so wütend machte, begriff ich, als ich es ihr an den Kopf warf. Nicht, dass sie so lange weggeblieben war, nicht, dass ich so lange nach ihr gesucht hatte – das spielte jetzt keine Rolle. Aber dass sie es eindeutig *gewusst* hatte …

»Sooz.« Ihre Stimme war dünn und rau, aber sehr klar, die einzige Stimme der Welt in all dem Geschnatter um sie herum. »Sooz, ich war vier Jahre alt.«

Ich verstand gar nichts. »Weiß ich doch. Meine Mutter hat mir von deiner Geburtstagsfeier erzählt. Deine Cousins und Cousinen waren da.«

Sie weinte nicht – keiner von ihnen weinte je –, aber ihre Augen waren feucht. Sie sagte: »Jetzt bin ich einundzwanzig.«

Ich sagte: »Ich bin siebzehn.«

Mehrere Traumige – zwei, drei von ihnen groß genug, um bedrohlich zu wirken, ein anderes dieser Wesen so alt und blass und formlos, dass ich nicht erkennen konnte, ob es männlich oder weiblich war – versuchten, mich von Jenia wegzudrängen. Aber ich wich nicht zurück, und Dakhoun machte ein Geräusch, das sie wohl einschüchterte. Meine Aufmerksamkeit war in dem Moment ganz auf Jenia gerichtet.

»Sie haben immer an meinen Geburtstag gedacht, selbst wenn ich ihn vergaß. Als ich einundzwanzig wurde, haben sie mir gesagt …« Sie zögerte zum ersten Mal. »Sooz, sie haben mir gesagt, ich könnte wählen.«

»*Was* wählen?«, fragte ich. »Und wer sind *sie*?«

Die Antwort würde mir nicht gefallen, das wusste ich schon. Aber in dem Moment war es mir egal. Wirklich. Ich war so müde, und es war mir einfach egal.

Jenia holte tief Luft, bevor sie wieder sprach, und ich hörte, wie sie ihre Stimme möglichst ruhig zu halten versuchte. Sie sagte: »Ich brauche nicht älter zu werden, als ich bin. Ich kann ewig leben, wenn ich will.«

Ich verstand nichts, starrte sie nur an.

Meine Schwester sagte: »Alle hier, alle, die du siehst, haben selbst bestimmt, wer sie sind, *was* sie sind, wie sie gesehen werden wollen. Sie können sich ihr Alter aussuchen, ihr Geschlecht, die Art Lebewesen, die sie sein wollen. Du weißt das, Sooz. Du hast sie ja gesehen.«

Ich sah kurz Dakhoun an, die ein Stückchen hinter mir stand; sie sagte nichts, zeigte nichts. Ich glaube, ich wollte, dass sie sich einmischte, dass sie energisch den Kopf schüttelte und mir versicherte, dass ich nicht hörte, was ich unmöglich hören konnte. Aber von ihr kam keine Hilfe; sie war ganz damit beschäftigt, die Traumigen von mir und Jenia fernzuhalten und gefährlich auszusehen. Ich brachte nur ein mattes »Verstehe ich nicht« hervor.

Zum ersten Mal wirkte Jenia irgendwie verlegen. Sie sagte: »Sooz, hör mir zu. Ich muss mich entscheiden, ob ich unsterblich sein will.« Sie sah mich fast trotzig an; sie stampfte sogar mit dem Fuß auf, wie ich es als kleines Kind immer getan hatte, wenn ich wegen irgendwas wirklich aufgebracht war. Ich muss sagen, sie sah besser aus als ich in solchen Situationen – ich werde immer rot im Gesicht und stottere. Meine Schwester sah nur noch schöner aus.

Aber ich sah nichts Frohes oder Triumphierendes, nicht, als wir uns in die Augen sahen. Der Rest von ihr, ja – das wellig-weiche Haar, die leuchtend hellbraune Haut, ihre Haltung, als ob sie nie auch nur darüber nachdenken müsste, ob sie hässlich war oder allein oder ängstlich … Sie hätte geradezu dafür entworfen sein können, zu meinen Eltern zu passen. Oder zu meinen Verwandten, selbst dem dummen Onkel Ambrose. Ich musste daran denken, was ich beim ersten Mal gedacht hatte, an Malkas Grab: *Sie hat mehr von meiner Familie als ich …*

Nicht die Augen. Diese grauen Augen waren jetzt die Augen einer Fremden, so voll Angst, dass ich eine Zeit lang brauchte, um sie wiederzuerkennen. Jenia flüsterte, flüsterte wieder: »Ich weiß nicht … Ich weiß nicht …«

»Was?«, fuhr ich sie an. »Du weißt nicht, ob du hierbleiben willst, an diesem Ort, an den du fortgerannt bist? Oder ob du nach Hause kommen willst, dahin, wo du hingehörst? Sag's mir jetzt und fertig!«

Ich wusste nicht, was sie antworten würde. Ich weiß nur, dass ich schreckliche Angst davor hatte und so klingen musste, als wäre es mir ganz egal. Das war für mich immer schon das Schwerste auf der Welt. Ich glaube, ich habe es nie richtig hingekriegt.

Jenias Stimme war klarer, aber immer noch zittrig. »Sooz … Sooz. Ich würde nie sterben. Sie haben gesagt, ich werde ewig leben … Sie haben gesagt, ich war immer dafür bestimmt, ihre Königin zu werden …«

Auf das, was dann passierte, bin ich nicht stolz. Ich habe keine Entschuldigung dafür. Ich schrie sie an, so laut ich konnte: »Das haben sie dir versprochen? Dass du die geborene Königin von alldem hier bist – von Traumigenland, Feen-Land, wie auch immer sie es nennen – und für immer hier herrschen wirst? Tja, wenn es das ist, was du willst, dann viel Glück, und ich gehe einfach nach Hause. Du hast sowieso nie zu uns gehört! Hast du nie!«

Ich machte auf dem Absatz kehrt und ließ meine Schwester stehen, die Schwester, von der ich gar nicht gewusst hatte, dass es sie gab – die Schwester, die zu finden ich so weither gekommen war und so viel auf mich genommen hatte. Sie rief meinen Namen, aber ich drehte mich nicht um. Wobei ich sie sowieso nicht hätte sehen können, so blind, wie meine Augen waren. Dakhoun hielt mich am Arm und führte mich.

Ich glaube, Dakhoun hat sich einmal umgedreht – ich spürte so was –, aber ich weiß es nicht.

8

Nicht viel kann ich über den restlichen Tag sagen. Manchmal ging ich allein, dann wieder war Dakhoun da, wenn ich mich plötzlich hinsetzen musste. Das passierte zwei-, dreimal, aber Dakhoun brach nie das Schweigen, fand einfach nur ein sicheres Plätzchen im Schatten für mich und wartete, bis ich weiterkonnte. Dreimal war es, nicht zweimal. So viel weiß ich noch.

Und ich kann auch nicht viel drüber sagen, wo wir die Nacht verbrachten. Ich erinnere mich an Wärme und an dasselbe Schweigen. Ich lag einfach nur auf dem Rücken, starrte in den leeren Himmel und wartete auf den Morgen. Ich dachte ein bisschen an meine Schwester, aber hauptsächlich dachte ich darüber nach, wie groß die neugeborenen Zicklein inzwischen wohl waren. Wie lange war ich jetzt weg? Es hätte eine Minute sein können oder hundert Jahre oder irgendwas. Ich sah immer wieder die Zicklein vor mir, wie sie, jetzt erwachsen, ihre eigenen Neugeborenen hinter Felsen ablegten und herumtollten und Luftsprünge machten, wie es Ziegen eben tun. Ich vermisste sie in jener Nacht mehr als irgendjemanden sonst. Dakhoun ging zweimal los, jagen, kam aber mit leeren Händen zurück.

Ich glaube nicht, dass sie besser schlief als ich. Sie hatte die Augen die meiste Zeit zu, aber das bedeutete bei ihr nichts. Ich schlug die Augen auf, als ich sie sich unruhig bewegen hörte, und sah, dass sie aufgestanden war und in die Richtung blickte, aus der wir gekommen waren. Sie sagte ganz leise: »Wir müssen zurück.«

Es war sicher nicht für meine Ohren gemeint, aber ich hörte es. »Wir müssen *was?*«

Ich wusste nicht, dass ich aufgesprungen war und schrie, bis Dakhoun sich umdrehte und ich sah, wie erschrocken sie war. Ich sagte: »Kommt nicht infrage. Auf gar keinen Fall.«

Dakhoun hob die Stimme nicht. Sie tat es fast nie, was mit das Aufreizendste an ihr war. Aber ich konnte inzwischen in diesen seltsam blassen Augen lesen, wenn ich mir die Mühe machte. »Sooz. Hör mir zu. Wenn du dein Zuhause wiedersehen willst, müssen wir den Weg wieder zurückgehen und noch mal ansetzen. Es gibt keine andere Möglichkeit.« Ich öffnete den Mund, aber sie unterbrach mich schon, bevor ich auch nur Luft geholt hatte. »Und ja, du musst mir glauben. Ich weiß, was ich sage. Ich weiß es, Sooz.«

Und *ich* wusste, dass sie recht hatte und dass ich es nie und nimmer zugeben würde. Wissen und danach handeln sind zwei Paar Stiefel – jedenfalls bei mir. Ich kann mich nicht entschuldigen. Ich bin es leid, mich zu entschuldigen.

»Nein«, sagte ich. »Schlichtweg *nein*. Geh du zurück, tu, was du willst. Ich weiß selbst ein paar Sachen.« Meine Stimme war keine, die ich je gehört hatte. »Was weißt du schon davon, nach Hause zu gehen? Du hast ja keine Ahnung, was ein Zuhause ist! Du *hattest* ja nie ein richtiges Zuhause, du würdest ein Zuhause nicht mal erkennen, wenn du drüber stolperst! Du ziehst einfach nur durch die Gegend und suchst den Tod, und der interessiert sich nicht mal für dich!« Ich konnte nicht aufhören. Ich schwör's, ich konnte nicht aufhören. »Du gehörst gar nirgendshin! Und dafür tust du mir leid, so was von leid.«

Sie zuckte mit keiner Wimper. Sie stand einfach nur da und sah mich an. Und während sie mich ansah und ich immer weiterfaselte, lernte ich eine schreckliche Lektion.

Das Schlimmste auf der Welt ist nicht, alles zu verlieren, was man hat. Das Schlimmste auf der Welt ist nicht, dass einem das Herz gebrochen wird. Verlust geht vorbei, Schmerz geht vorbei – selbst der eines gebrochenen Herzen. Das Schlimmste auf der Welt ist, jemanden zu verletzen, der einen gernhat. Das weiß ich jetzt.

Das Allerschlimmste daran ist, dass ich es in dem Moment wusste. Ich hatte nur keine Worte dafür. Aber ich wusste es in meinem Herzen.

Dakhoun drehte sich um und ging wieder zu dem Weg, den wir gekommen waren. Sie sagte kein Wort und blickte nicht zurück. Ihr Rücken war so gerade wie immer. Ich sah ihr nach bis zum Weg und folgte ihr dann. Nur weil ich eine Närrin bin, bin ich noch lange nicht *blöd*. Nicht dasselbe.

Ich ließ mir Zeit, sie einzuholen. Schließlich blieb ich ein paar Schritte hinter ihr, so wie sie es sonst einrichtete, und ein bisschen seitlich. Sie sah mich kein einziges Mal an. Ich sagte die ganze Zeit kein Wort.

Sie wusste genau, wo wir vom richtigen Weg abgekommen waren. Ich hätte es nie gemerkt, wenn die Traumigen nicht gewesen wären. In der Nacht zuvor hatten wir so gut wie keinen gesehen, jetzt waren da, als wir weitergingen, immer mehr, die sich an uns heranschlichen, uns verspotteten oder hartnäckig begleiteten. Manchmal sahen sie aus wie welche, die ich schon gesehen hatte – der Junge mit den Fischzähnen war immer da und die schöne Frau, die mich so anlächelte, dass ich immer wünschte, sie täte es nicht –, und dann wieder hätten sie ganz normale Menschen sein können, nur dass sie eben Traumige waren und nie ganz richtig aussahen. Aber ich war inzwischen an sie gewöhnt, deshalb machten sie mir die meiste Zeit nicht mehr so viel aus. Die meiste Zeit jedenfalls.

Als Dakhoun plötzlich stehen blieb, zögerte und sich dann gezielt zur Seite wandte, erschienen plötzlich ein gutes Dutzend von ihnen, die lautstark versuchten, uns von da abzudrängen, wo sie hinwollte. Ich musste mich an Dakhouns Seite vorarbeiten, um sie verstehen zu können, als sie sagte: »Da müssen wir lang.«

Die Traumigen schrien allesamt: »Kein Weg! Verboten! Kein Weg! Geht nicht!« In der ganzen Zeit in diesem Land hatte ich sie noch nie so schrill, aufgeregt, ja sogar panisch klingen hören. Ich dachte, es sei vielleicht deshalb, weil da wirklich kein Weg war; es war eine Art felsiger Steilhang, den wir erklimmen mussten, um irgendwohin zu kommen. Ein-, zweimal stolperte Dakhoun, und ich musste hinter mich langen und ihre Hand fassen; öfter aber war es trotz ihrer Schwäche sie, die mich stabilisierte, bis ich Tritt gefasst hatte oder zu Atem gekommen war und weitergehen konnte. Jedenfalls waren wir beide völlig erschöpft, als wir am oberen Ende des Steilhangs ankamen.

Die Traumigen folgten uns nicht mehr. Zwei von ihnen gelangten zwar, schnatternd und sich gegenseitig knuffend und puffend, ebenfalls hinauf, fielen dann aber zurück und jagten sich durchs Unterholz wie Eichhörnchen. Dakhoun und ich stapften weiter, wobei ich mich immer noch hinter ihr hielt. Halb hoffte ich, sie würde etwas zu mir sagen, und halb hatte ich Angst davor. Es ist scheußlich, so gegenüber jemandem zu fühlen, mit dem man die ganze Zeit zusammen ist. Es wurde so schlimm, dass mir die Traumigen fast schon lieber gewesen wären.

Die Landschaft, durch die wir gingen, war anders als alle Landschaften, die ich je gesehen hatte. Da war vor allem dunkles, nicht-ganz-stehendes Wasser bis zum Horizont, mit dicken Wurzeln, die sich daraus hervorwölbten wie mächtige Knie und mit einer seltsamen, weichen Rinde überzogen waren. Ich streckte im Vorbeigehen ein-, zweimal die Hand aus, um eine zu berühren, zog sie aber schleunigst wieder zurück. Was auch immer das war, es fühlte sich nicht an wie Baumrinde. Es fühlte sich an, als wollte es meine Hand.

Wir machten keine Pause. Es hätte sowieso nicht viel genützt, und es gab definitiv kein Plätzchen, wo wir uns hätten hinsetzen wollen. Nichts außerhalb des langgestreckten breiten Wassers war wirklich Sumpf, aber nichts war auch je wirklich trocken, wenn man damit *trocken* meint.

Wir ließen uns schließlich unter einem kahlen grauen Baum nieder und taten unser Bestes mit meinem feuchten Mantel. Natürlich bot ich Dakhoun an, ihn mitzubenutzen, und natürlich wollte sie nicht. Sie sagte nur, nicht nötig, und das war's.

Das war's, bis sie gegen Morgen – jedenfalls musste es wohl gegen Morgen sein – schließlich einschlief. Ich lag noch etwas länger wach, bis ich mir sicher war, bis sie mit diesem winzig kleinen Pfeifen atmete, wie sie es im Schlaf tut. Dann deckte ich ganz vorsichtig einen Teil von meinem Mantel über sie, in der Hoffnung, dass noch etwas von meiner Nachtwärme drin hing. Und dann … dann holte ich tief Luft, legte den rechten Arm ganz leicht über sie, jederzeit bereit, ihn wieder zurückzuziehen und so zu tun, als hätte ich mich nur im Schlaf bewegt, und flüsterte. »Bitte. Es tut mir leid.«

Sie regte sich nicht, rückte aber immerhin auch nicht von mir weg. Also lagen wir einfach so da, im feuchten Dunkel, und schließlich schlief ich selbst ein.

Wir mussten lange geschlafen haben, denn wir wachten ungefähr in der gleichen Stellung auf, in der wir eingeschlafen waren. Wir setzten uns auf und sahen uns an, so lange, wie sich in der Geschichte der Welt noch keine zwei Menschen angesehen haben. Wir würden es vielleicht immer noch tun, aber ich musste niesen, und dann begann das Zittern, das stille Beben, das man nicht benennen und nicht beherrschen kann. Und ich weiß, ich würde jetzt noch so zittern, wenn Dakhoun mich nicht in die Arme genommen hätte.

Es spielt keine Rolle, was sie sagte, was ich sagte oder wie lange wir wirklich zusammen dasaßen und uns einfach nur ansahen. Es gibt einen Punkt, da kann man nicht mehr zittern, da ist nichts mehr in einem, was schmerzen kann, und dann wird das Zucken zu irgendwas in der Kehle und dann zum Nach-Luft-Schnappen und Keuchen und so weiter. Heute bin ich dankbar, dass ich mich nicht übergab, denn das ist der nächste Schritt, und an dem Punkt lag ich schon mit dem Kopf in Dakhouns Schoß. Es hätte also viel schlimmer sein können, glaubt mir.

Dakhoun sagte: »Du bist hungrig«, und ich schüttelte den Kopf. Aber ich *war* hungrig, und natürlich wusste sie es. Also half nichts, sie musste allein losgehen und etwas für mich zum Essen erbeuten. Ich erkannte nicht, was es war, aber ich brachte es hinunter, während sie mir zusah. Und wir machten uns wieder auf, schweigend wie zuvor, aber Seite an Seite.

Dieser Sumpf, oder was es auch war, ging ewig weiter oder jedenfalls fast den ganzen Tag. Gegen Sonnenuntergang wurde das Gelände bergiger – nichts dramatisch Steiles, nur ein langsamer, anstrengender Anstieg. Dakhoun sagte nicht viel – es bestand keine Notwendigkeit, und außerdem war sie sichtlich zu beschäftigt damit, genug Luft zu kriegen. Noch was, was mich beunruhigte, während wir weitergingen.

Sie war immer noch stark, viel stärker, als ich je war. Vielleicht kam es ja einfach daher, dass sie aus Stein erschaffen war; vielleicht war es ja etwas in ihrem Inneren, die Kraft, die aus dem kam, wer – oder was – sie war, die Entschlossenheit, die sie mich jedes Mal auffangen ließ, wenn ich fiel. Dennoch hatte sie nicht mehr die unerschöpflichen Reserven an Luft und Unangestrengtheit, auf die ich mich mit der Zeit verlassen hatte, ohne groß darüber nachzudenken.

Mir wurde jetzt klar, dass in letzter Zeit ich über sie wachte – *wie lange schon?* –, so wie sie ein sorgendes Auge auf mich gehalten hatte, seit sie mich in jener Nacht gefunden hatte, allein unter dem Mond und halbverrückt vor Angst und Wut und Schmerz. Ich wollte ihr, während wir bergauf und bergab und wieder bergauf keuchten, sagen: »Alles ist gut, ich bin hier, ich werde mich um dich kümmern. Das werde ich.« Aber das würde ich nie, niemals zu Dakhoun sagen. So viel weiß selbst ich inzwischen.

Trotz allem war es meistens sie, die mich an der Hand fasste, um mich ein steiniges, rutschiges Stück hinaufzuziehen, wo meine Füße keinen festen Tritt fanden, oder mich durch gutes Zureden dazu brachte, eine Kluft zu überqueren, obwohl meinem Magen schon der Gedanke zu viel war. Ich sorgte hauptsächlich dafür, dass sie öfter ausruhte, indem ich sagte, ich sei müde. Ich war nie eine Jägerin, aber es gab kleine sonnenverbrannte Pflanzen und Blätter, die man essen konnte, wenn man nicht zu viel darüber nachdachte. Und ich wurde gut darin, nach den kleinen Rinnsalen da und dort am Weg zu horchen. Ich holte Wasser in der einen Trinkflasche, die wir hatten, und ein paarmal sogar in den Händen, wenn es so dunkel war, dass ich den eigentlichen Bach nicht sehen konnte.

Hier war es viel leichter, einen trockenen Platz zum Schlafen zu finden, das war immerhin etwas. Es gab Höhlen von geringer Tiefe oder Stellen, wo ein paar Felsbrocken so zusammengerutscht waren, dass sie eine Art halbes Dach und zwei oder drei Wände bildeten. Wir hielten uns beinah warm, indem wir so eng beieinanderschliefen, wie es ging, und wenn ich manchmal zitternd aufwachte, drehte Dakhoun sich um und hielt mich eine Weile, bis mein Körper sich beruhigte. Sie selbst fror nie und hatte auch, soweit ich weiß, nie Angst.

Aber *einsam* war sie … Wie hätte sie nicht einsam sein können – die einzig Überlebende von ihrer Sorte, weil alle anderen gleich nach der Geburt getötet wurden? Soweit ich wusste, kam alles, was sie an Liebe kannte, von ihrer Mutter und ihrem Vater, den Menschen, die sie behalten und beschützt hatten, bis sie um ihretwillen fortgelaufen war, um *sie* zu schützen. Ansonsten … ansonsten hatte sie nur mich, und inzwischen wisst ihr ja, wie es ist, auf mich angewiesen zu sein. Und sie wusste es auch.

Nach ein, zwei Tagen fielen die Berge allmählich ab, wenn man sich auch nicht darauf verlassen konnte, dass sie sich nicht plötzlich vor einem aufbäumten und einen wieder zwangen, sie zu erklimmen. Trotzdem wurde das Gelände deutlich flacher, was gut war, weil meine Beine anfingen, so wacklig zu werden wie die eines neugeborenen Lamms. Dakhoun schritt aus wie immer, in ihrem üblichen gleichmäßigen Tempo; man hätte schon näher an sie herankommen müssen, als sie oder ich jemanden an sie hätten herankommen lassen, um dieses *Etwas* in ihrem Atem zu bemerken, das ein Stocken sein mochte oder auch das kleinstmögliche Extraluftholen … oder auch nicht, nur eine Täuschung. Dakhoun gab nichts preis, nie.

Schließlich wurde die Landschaft zur Wüste, immer trockener, erbarmungslos trocken. Zuerst gab es hie und da noch ein bisschen Wasser, dann gab es keins mehr; zuerst gab es noch ein paar verstreute kleine Gewächse, sogar ein paar sehr kleine Wesen wie Eidechsen und Schlangen und Mäuse, die umherhuschten und sich gegenseitig fraßen. Und schließlich gab es gar nichts mehr, und Dakhoun und ich fanden nichts mehr zu essen.

Was *Hunger* ist, weiß ich. Ich kenne Hungerzeiten, und ich erinnere mich, wie meine Mutter einen letzten Laib Brot unter uns vieren aufteilte oder aus labbrigen Karotten, die schon zu lange aus dem Boden waren, und ein paar müden alten Stängeln Rübenkraut irgendwie eine Mahlzeit zustande brachte. Auf der Suche nach meiner Schwester hatte ich mich in vielen Nächten in den Schlaf geweint, aus Sorge, dass meine Familie meine Leiche nie finden würde, weil ich für immer zwischen diesen leeren Hügeln und nebligen Wasserfällen verschollen bliebe. Aber ein, zwei Tage später – drei Tage einmal, nur dieses eine Mal – war ich dann irgendwo auf Wasser gestoßen, und wo Wasser war, wuchs auch *Etwas* in der Nähe. Und das war gewesen, bevor Dakhoun gekommen war und mich gefunden hatte.

Aber jetzt war ich am Verhungern. Das war ein Wort, das ich noch nie benutzt hatte, nicht in den allerschlimmsten Zeiten – aber jetzt sagte ich es im Kopf, weil ich wusste, Dakhoun verhungerte mit mir. Nicht weil sie nichts zu essen oder zu trinken bekam – wie sie vor so langer Zeit einmal gesagt hatte, »Was soll Stein denn schon essen?« –, sondern weil *Verhungern* das ist, was Menschen tun, und ich fühlte ihre Angst wie noch nie zuvor. Ich wollte ihr sagen, dass sie keine Angst zu haben brauchte, dass ich immer noch ihre Freundin war und immer auf sie aufpassen würde. Nur dass es das nicht war, ich wollte sagen, wir würden immer aufeinander aufpassen, weil es doch das war, was wir taten. Was wir immer taten.

Das Problem war, dass ich nichts richtig herausbrachte. Und Dakhoun trug mich – irgendwann jedenfalls. Die Dinge verschwimmen, wenn man schon jenseits des Hungers ist, deshalb bin ich nicht sicher, wann das alles war. Ich weiß aber, dass ich darauf bestand, dass sie mich herunterließ, weil ich gehen konnte wie jeder andere, das sagte ich ihr. Und dann trug sie mich wieder, oder vielleicht war das auch das erste Mal. Ich sage ja, die Dinge verschwimmen, wenn man verhungert.

Dann war es dunkel … Nein, das war vielleicht der andere Tag, als es anfing, dunkel zu werden, und der Himmel so schön war, der schönste Himmel, den ich je gesehen hatte, und es war mir ganz recht, so auf dem Rücken zu liegen. Und Dakhoun streichelte mein Gesicht mit ihren rauen Händen und flüsterte, und ich glaube nicht, dass sie weinte, weil Stein nicht weinen kann, das sagte sie mir, ja, daran erinnere ich mich. Und dann war da noch eine Stimme, anders als ihre, und sie war sehr weit weg, aber ich kannte diese Stimme, und ich versuchte, mich aufzusetzen und zu antworten, aber ich brachte keinen Laut hervor, und es war meine Schwester.

9

Da war Wasser, und irgendwo wieherte ein Pferd, und da waren Stimmen. Das Wasser schwappte immerzu gegen meine Lippen, darum war es schwer, es zu schlucken. Als ich mich verschluckte, wurde das Wasser weggerissen, und ich hörte Dakhouns ärgerliche Stimme. Ich hatte sie noch nie ärgerlich klingen hören, in der ganzen Zeit, die wir zusammen unterwegs waren. Die Worte verstand ich in dem Moment nicht, aber gleich darauf berührte das Wasser wieder meinen Mund, sachte diesmal, und Dakhoun sagte: »Langsam, langsam, schön langsam …« Ich erkannte ihre Stimme, aber sie zitterte auf eine Art, die ich nicht kannte. »Wenn du zu schnell trinkst, wird dir schlecht. *Langsam …*«

Es war schwer, weil mein Mund so trocken war, so lange schon so trocken, dass er das Wasser gar nicht mehr zu schmecken schien, so wie Regen von Wüstenboden einfach abprallt. Aber Dakhoun war ganz behutsam, hielt mit einer Hand mein Gesicht und neigte die Wasserflasche so weit, dass das Wasser meine Lippen befeuchtete, mir aber nicht übers Kinn lief. Ein paar Tropfen rannen hinunter, und ich versuchte, sie wegzulecken. Das war anstrengend, und ich glaube, ich döste ein. Ich bin mir nicht sicher.

Ich wachte, wenn ich denn wirklich geschlafen hatte, auf, als ich Jenias Stimme hörte, und mir wurde klar, dass ich sie schon eine Weile gehört hatte. Also hatte ich wohl geschlafen, aber ich konnte nichts von dem verstehen, was sie sagte; es war, als ob sie eine ganz andere Sprache sprach, vielleicht sogar sang. Es klingt komisch, aber ich glaube, ich blinzelte wie wild, als ob es mir irgendwie helfen würde, deutlicher zu hören.

Jenia sagte: »Ich habe Sachen zu essen mitgebracht. Sie kann doch essen?« Es war eine Frage, aber doch nicht ganz. Sie klang mehr wie ein Kind als wie meine ältere Schwester.

Ich hörte Dakhoun knapp antworten: »Gib's mir.« Ihre Stimme war nicht mehr ärgerlich, sie war jetzt wieder ausdruckslos, was ich ja gewohnt war und worüber ich mir eigentlich keine Gedanken machte. Aber jetzt war sie tonlos und kalt. Das hört sich vielleicht an, als wäre es das Gleiche, ist es aber nicht. Ich bemerkte den Unterschied, und ich glaube, Jenia bemerkte ihn auch.

Etwas Kühles und gut Riechendes berührte sanft meine Lippen, und Dakhoun sagte nah an meinem Ohr: »Iss das ganz langsam … immer nur einen kleinen Bissen, so ist es gut. So ist es gut …« Ich wusste, es war irgendeine Frucht, aber ich weiß nicht mehr, was für eine; der Geschmack, die Beschaffenheit, das habe ich alles vergessen, wenn ich es je wusste. Aber ich erinnere mich an Dakhouns Arm unter meinen Schultern. Daran schon.

In der Wüste wird es nachts kalt, egal, wie heiß es am Tag war. Dakhoun ging auf die Suche nach irgendetwas Brennbarem, und meine Schwester und ich betrachteten einander erstmals. Was viel seltsamer war, als man denken würde, nach all der Zeit, die ich damit verbracht hatte, sie in der absurden Wunderwelt der Traumigen zu suchen, dann endlich zu finden, *dann* wieder aufspüren zu müssen, nur um mir zum zweiten Mal sagen zu lassen, dass sie nicht mit mir nach Hause kommen wolle, weil sie dafür geboren sei, die unsterbliche Königin aller Traumigen zu werden … Also, da sollte man ja wohl meinen, wir hätten uns was zu sagen. Sollte man doch meinen.

Jenia im Zwielicht vor mir zu sehen, war überhaupt nicht, wie aufzuwachen und in Dakhouns blasse Augen zu blicken und zu einem zitternden Baby zu werden. Meine Schwester war immer noch erstaunlich schön, so schön, wie ein Leben als Liebling der Traumigen sie nur hatte machen können – ich werde mich ewig dafür schämen, aber ich fragte mich, wie ich wohl aussähe, wenn ich das Kind gewesen wäre, das sie erwählt hatten –, aber irgendwie berührte es mich nicht richtig. Ich liebte sie immer noch, und ich wusste, ich würde meine Suche nie bereuen, egal, was sie mich gekostet hatte, aber ich kannte eine Freundin, die ein Dutzend Jenias wert war.

Schließlich fragte mich Jenia fast schon schüchtern: »Möchtest du noch mehr zu essen? Du musst doch immer noch furchtbar hungrig sein.«

»Eher nicht«, sagte ich. »Ich habe die ganze Zeit an irgendwas herumgenibbelt. Danke, dass du so viel Essen mitgebracht hast. Es muss ja schwer gewesen sein, das alles zu tragen.«

»Nein, ich hatte ja ein Pferd.« Ich hatte das leise Wiehern irgendwo in der Nähe vergessen. Pferde hatte ich bei den Traumigen eigentlich nie gesehen. Jenia sagte: »Pferde hat nur der König. Es wird ihm gar nicht gefallen, dass ich seins genommen habe.«

»Der König«, sagte ich dümmlich. »Es gibt also einen König bei den Traumigen. Das wusste ich nicht.«

»Nein. Du konntest es auch nicht wissen. Er lebt tief im Wald und ist älter als irgendjemand sonst. Ich habe ihn nur ein Mal gesehen, in der ganzen Zeit, die ich … hier bin.« Das Licht war jetzt fast ganz weg, und ich fühlte das Dunkel auf meiner Haut, wie es in diesem Land immer ist. Jeden Abend war da etwas, das einen sanften, glucksenden Gesang von sich gab. Ich kann nicht mal sagen, ob es ein Vogel war, weil es in der Wüste nicht viel gibt, worauf ein Vogel sitzen könnte. Gesehen habe ich das Etwas nie. Aber wir hörten es jede Nacht, solange wir dort waren.

Ich sagte: »Jenia, weiß du, wie lange du schon hier bist? Kannst du mir sagen, woran du dich erinnerst?«

Es dauerte lange, bis sie antwortete. Ich erkannte erst allmählich, dass sie zwei Stimmen zu haben schien, und ich hatte noch kein Gefühl dafür, welche in einem bestimmten Moment am ehesten antworten würde. Eine war die Stimme der schönen Fremden, die ich nicht gekannt hatte, bis ich durch den Bach geplatscht war, um sie endlich zu treffen, hier, in dieser verwirrenden Welt, in der sie lebte. Und sie hatte mich umarmt und gelobt und mir erklärt, ich müsse jetzt umkehren und nach Hause gehen und unseren Eltern sagen, ich hätte sie nicht gefunden.

Die andere Stimme … die andere war die Stimme des kleinen Mädchens, das mit vier Jahren in jene Welt davongelaufen war. Jetzt hatte es beschlossen, wieder davonzulaufen, mit Dakhoun und mir, obwohl es doch Königin dieser Welt werden und ewig leben sollte. Und diese Stimme war so ängstlich wie meine eigene. Diese Stimme kannte ich.

»Ich weiß nicht. Ich bin mir nicht sicher, nicht immer.« Sie sah mich nicht richtig an, sondern mehr schräg, so wie ich gucke, wenn das, was ich gleich sagen werde, meiner Mutter wohl nicht gefallen wird. Sie flüsterte: »Ich war vier. Ich hatte mein gutes grünes Kleid an, mein Froschgrünes nannte ich es immer. Da war eine Geburtstagsfeier, daran erinnere ich mich, ja …« Mir blieb der Atem stehen. »Und es geht immer so weiter und weiter, und ich bin so froh, dass alles so ist, wie es sein soll, für immer … Und wenn ich dran denke, was ich nie, nie tue …« Jetzt sah sie mich direkt an, aber ihre Augen waren keine, die ich kannte. »Und plötzlich, für einen Moment, habe ich keine Ahnung, wo ich bin, wer ich bin, und ich habe solche Angst, und ich kenne *niemanden,* und es ist so kalt, und es ist auf einmal alles schrecklich, und ich habe *Angst,* und niemand wird jemals kommen ...«

Ich hätte etwas tun können. Ich hätte den Arm ausstrecken und ihren Kopf fest an meine Schulter ziehen können, oder ich hätte versuchen können, sie so zu halten, wie Dakhoun mich immer hielt, wenn ich nachts aufwachte. Aber Jenia war so weit weg, so starr vor Angst, dass sie es gar nicht gemerkt hätte. Und dann war sie wieder diese andere, die Schöne, und ich wusste nicht, was tun.

»Sooz«, sagte sie langsam. Sie schien lange zu brauchen, um auch nur meinen Namen zu sagen. »Sooz, ich kann nicht mit dir nach Hause gehen. Ich kann dir zeigen, wo du hinmusst, dich auf den Weg dorthin bringen, den du allein nie finden wirst. Das kann ich tun – das werden sie mich tun lassen, wenn ich verspreche, dass ich zurückkomme. Verstehst du?«

»Nein«, sagte ich. Ich sprach sehr laut. »Nein, das verstehe ich nicht und werde ich nie verstehen! Egal, wie lange sie dich festgehalten haben, du gehörst nicht an diesen Ort. Da ist was, was du mir nichts sagst! Was sagst du mir nicht?«

Ich hörte das leise Geräusch von Dakhoun, die zurückkam, aber meine Schwester hörte es wohl nicht. Nach Dakhoun muss man horchen.

»Dieses Land – diese Welt –, *das* hier ist mein Zuhause«, sagte Jenia. »Egal, wie du es siehst, egal, wie du über mein

Hiersein denkst, egal, was ich … woran ich mich beinah erinnere …« Sie hielt nur ganz kurz inne, aber als sie weitersprach, wurde ihre Stimme immer fester und bestimmter. »Das spielt alles keine Rolle – nichts davon, Sooz. Ich liebe dich – ich habe dich schon geliebt, bevor ich dich kennengelernt habe, bevor du mich suchen gekommen bist – aber ich gehöre hierher. Was auch immer ich vielleicht gewählt hätte, hier gehöre ich her. Das ist alles, was ich weiß.«

Dakhoun sagte nichts. Jenia nahm meine Hände, und ihre Hände waren jetzt so kühl wie ihre Stimme. »Ich habe versprochen, dich auf den sicheren Weg nach Hause zu bringen. Es ist nicht mein Weg – ist nicht mehr mein Weg nach Hause –, aber ich werde dich hinbringen. Du hast mein Wort, kleine Schwester.«

Warum schmerzten die letzten beiden Worte so auf meiner Haut? Sie wollte mir damit nicht wehtun – das *weiß* ich, besser, als es irgendjemand wissen könnte –, aber ich höre sie immer noch, auch jetzt. Ich sagte nur: »Wo ich hingehe, geht meine Freundin auch hin.«

»Ich habe nie was anderes gesagt.« Was stimmte, sie hatte nie was anderes angedeutet, aber sie sah Dakhoun nie richtig an. Sie sagte: »Wenn ihr heute Abend schon losgehen könntet …«

Jetzt antwortete Dakhoun, genauso ruhig: »Es geht ihr nicht gut. Wir brechen übermorgen auf.«

Ich wollte protestieren – »nein, ich kann jetzt schon« –, aber selbst ich wusste es besser. Wenn ich auch nur bis dorthin zu gehen versuchte, wo Jenias Pferd angepflockt war, würde ich auf halbem Weg hinfallen. Wenn ich denn etwas weiß, *weiß* ich es.

Dakhoun hatte tatsächlich etwas gefunden, was in dieser kahlen Wüste wuchs. Es war nicht grün, und es sah aus, als wäre es mürbe gebrannt aus dem Boden gekommen. Aber man konnte es einigermaßen essen, und Dakhoun hatte einen weiten Weg gemacht, um es mir zu bringen, und ich bekam es alles runter und dankte ihr und schlief ein.

Ich schlief auch fast den ganzen nächsten Tag. Ich weiß, Jenia weckte mich einmal, um mich zu überreden, etwas von den Sachen zu essen, die sie mitgebracht hatte, aber ich schlief praktisch schon wieder, während sie mich fütterte. Ich glaube, sie saß lange da und betrachtete mich, nachdem ich eingeschlafen war. Manchmal fühlt man das, ich weiß nicht, warum.

Als ich an diesem Abend aufwachte, ging es mir viel besser, und ich hatte ordentlich Hunger. Ja, ich hatte, wie ich es bis heute tue, von jenen vier Männern geträumt, die mich die Härte der Straße lehrten und die mich in all meinen Nächten verfolgen werden. Aber inzwischen kenne ich sie schon fast mit Namen – und kenne erst recht dieses traurige kleine Lied, das noch die letzte Erinnerung in meinem Leben sein wird –, und sie sind, wenn auch gewiss keine Freunde, so doch alte Bekannte. Sie kommen in vielerlei Gestalt, aber ich erkenne sie immer, also kann ich mit ihnen umgehen. Letztlich sind sie einfach Teil der Nacht, in der ich Dakhoun kennenlernte.

Da ich an diesem Tag so lange geschlafen hatte, war die Nacht natürlich schwierig für mich. Jenia war schon früh schlafen gegangen, um Kräfte für die lange Reise zu sammeln, die vor uns lag. Betont hatte sie uns beiden eine angenehme Ruhe und ein frohes Erwachen gewünscht. Ich wälzte mich also schlaflos herum und setzte mich mehr als einmal auf, die Arme um die Knie. Dakhoun hatte die Augen zu, aber ich wusste, sie schlief nicht.

»Der Horizont verändert sich«, sagte ich laut. »Ich meine, wir hatten überhaupt nie einen Horizont, weder tags noch nachts. Da war nie irgendwo was zu sehen, und jetzt ist da was.« Ich verrenkte den Hals, um weiter um mich herum schauen zu können. »Ich kann nicht erkennen, was, aber etwas ist da ganz eindeutig.«

»Das macht sie.« Dakhoun hatte die Augen nicht geöffnet. »Sie führt uns nach Hause, wie sie gesagt hat. Deshalb ist die Gegend schon anders. Du wirst es sehen, wenn es hell wird.«

»Und dann?« Ich hatte nicht gewusst, dass ich das sagen würde; es schoss einfach aus mir heraus wie Blut. »Meinst du, sie ändert ihre Meinung noch mal?«

Man kann im Liegen eigentlich nicht die Achseln zucken, aber Dakhoun schaffte es, auf ihre Art. »Wer weiß? Ich glaube, sie hat ihre Meinung schon viel öfter geändert, als ihr bewusst ist. Schlaf jetzt, Sooz.«

»Kann nicht«, murmelte ich. »Nicht müde.« Ich legte mich wieder hin, drehte mich auf die Seite. »Übrigens, wenn sie uns wirklich bis nach Hause führt, musst du unsere Mutter und unseren Vater kennenlernen. Das ist kein Argument, ich sag's dir nur.«

Dakhouns Antwort ließ nur ein bisschen auf sich warten. »Ich werde noch dableiben, um sie kennenzulernen. Wenn wir spät ankommen, würde ich vielleicht gern über Nacht bleiben.« Jetzt lachte sie ganz leicht, wie ein winziger Windhauch in meinem Gesicht. »Das heißt, wenn sie mich lassen.«

»Du kannst mein Bett haben«, sagte ich. Es war plötzlich ein schöner Gedanke. »Und am Morgen mache ich dir Frühstück. Bevor du … irgendwohin gehst oder was. Ich meine, was du auch, was auch immer. Du weißt schon …«

»Ja.« Dakhoun drehte sich nicht zu mir, langte aber herüber, um meinen Arm zu berühren. »Du musst jetzt schlafen. Es wird eine lange Reise.«

Ich schlief schließlich ein, und am Morgen erwachte ich in einem anderen Land.

Nicht völlig anders – ich wusste, wo wir immer noch waren, und da war derselbe helle, erbarmungslose Wüstenboden unter meinen Füßen. Aber in der Ferne waren jetzt grüne Hügel sichtbar, und ich fühlte Wasser irgendwo in der Nähe wie ein dunkles Summen. Und da flogen Vögel, was allein schon alles änderte. Vögel sind im Land der Traumigen selten – wir sahen tagelang höchstens zwei, drei am ganzen Himmel. Die einzig Verbreiteten waren so ähnlich wie Wildgänse, aber mit Raubvogelschnabel und -klauen und entweder tiefrotem oder sonnenuntergangsgrünem Gefieder. Sie waren schön und irgendwie gruselig zugleich, wie so vieles in dieser Welt.

Als wir an jenem ersten Tag aufbrachen, ritt ich auf Jenias grauer Stute, und Dakhoun und meine Schwester gingen nebenher. Ich hatte protestiert, hatte erklärt, es gehe mir schon viel besser, was stimmte, aber mit den beiden war nicht zu diskutieren, nicht an diesem Tag. Wir kamen allmählich in eine sanftere Landschaft, die nicht wirklich höher lag, aber so wirkte, weil der Himmel tiefer und näher schien. Es gab jetzt außer Vögeln auch andere Tiere – Kaninchen und kaninchenartige Wesen, und ich sah Kreaturen, die Ziegen wie unsere hätten sein können und es doch eindeutig nicht waren.

Und Bäume, die beinah so waren, wie ich Bäume kenne: groß und dünn wie Jungbäume, aber irgendwie doch nicht wie Jungbäume. Sie hatten dunkelsilbrige Stämme und glänzende Blätter von der Farbe, wie ich mir das Meer vorstelle, und wenn die Sonne direkt darauf schien, glitzerten sie wie blaue Edelsteine. Aber die Stämme, so hübsch sie auch waren, hatten etwas seltsam Provisorisches, als hätte eine fahrende Schauspieltruppe sie für eine Dorfvorstellung aufgestellt. Als könnten sie um Mitternacht abgebaut werden, für die nächste Ortschaft. Ich hatte noch nie so was über Bäume gedacht.

Es wurde im Laufe des Tages etwas kühler, obwohl die Luft auch nach Sonnenuntergang noch angenehm war. Wir suchten uns einen Lagerplatz in einem Hain von diesen silbrigen Bäumen, und Jenia packte Decken für uns aus. Als Dakhoun von der Essensbeschaffung zurückkam – mit zwei Beinahekaninchen und Früchten, die fast wie ganz reife Kakifrüchte waren nur mit einer unangenehmen Schale, in die man mit aller Kraft beißen musste, um an das süße Fruchtfleisch zu kommen, was aber der Mühe wert war –, hatte meine Schwester ein Feuer gemacht, und ich hatte mit bloßen Händen einen schlammigen unterirdischen Bach freigegraben. An diesem Abend gab es ein richtiges Abendessen für uns drei.

Ich hatte den Tag über ziemlich problemlos durchgehalten, worauf ich stolz war und was ich auch ausgiebig kundtat, aber an diesem Abend rollte ich mich doch früh in meiner Decke ein. Einerseits, weil ich einfach müde war, aber auch, weil ich dachte, es wäre gut, wenn Dakhoun und Jenia mal ein bisschen allein miteinander redeten. Ich hatte es endlich akzeptiert: Meine seltsame steinerne Freundin würde immer das Rätsel bleiben, dem ich mehr vertraute als mir selbst. Meine Mutter und mein Vater würden einfach akzeptieren müssen, was sie war – zumindest für die ein, zwei Nächte, die sie bei uns bleiben würde. Darüber wollte ich jetzt nicht nachdenken.

Jenia war eine ganz andere Sache, und über sie musste ich mehr und mehr nachdenken. Dakhoun *kannte* ich, ohne sie je zu verstehen – wie gesagt, das ist ein Unterschied. Meine Schwester aber kannte ich gar nicht. Ich liebte sie, seit ich sie an meinem siebzehnten Geburtstag zum ersten Mal gesehen hatte, noch bevor ich ihren Namen oder sonst irgendwas über sie erfahren hatte. Aber was bedeutete das für Jenia? Oder auch für mich? Und warum musste ich gerade lernen, was Liebe bedeutete – ich, so jung und allein und dumm, dumm, *dumm*, in diesem schrecklichen Land, das nie leichter zu verstehen wurde und es auch nie werden würde?

Als ich irgendwann in der Nacht aufwachte, sah ich Dakhoun neben mir schlafen. Das tat sie seit der Zeit in der Wüste, als ich so hungrig gewesen war und nicht mal sie etwas zu essen oder Wasser für mich hatte auftreiben können. Jenia dagegen war wach, ging langsam im Mondlicht auf und ab. Dann und wann blickte sie zum Horizont, aber nicht in eine bestimmte Richtung und nicht, als erwartete sie, irgendetwas kommen zu sehen. Sie war einfach nur auf und sprach mit sich selbst. Ich konnte kein Wort hören, aber ich sah ihr Gesicht.

Ich machte schnell die Augen zu, aber ich bin sicher,

sie wusste, dass ich wach war. Ich drehte mich auch zu schnell auf die andere Seite, was mich garantiert verriet. Doch sie sagte nichts zu mir und kam auch nicht näher, sie hörte einfach nur auf mit ihrem Selbstgespräch und zog sich in die Schatten jenseits der Überreste unseres Feuers zurück. Ich wollte wach bleiben, aber als Nächstes war helllichter Tag.

Die darauffolgenden Tage waren mehr oder weniger gleich. Die Landschaft veränderte sich immerzu wie schon die ganze Zeit, seit ich diese wandernde Grenze, wo auch immer sie jetzt sein mochte, überquert hatte. Ich bestand darauf, dass die anderen mindestens genauso viel ritten wie ich, aber vor allem versuchte ich, Dakhoun irgendwie dazu zu bringen, meinen Platz im Sattel einzunehmen. Was bedeutete, dass sie umso mehr zu Fuß ging, weil sie nun mal so war. Aber ich bestand weiter darauf, dass sie reiten solle, weil ich, wie sich herausstellte, nun mal so bin.

Ich war zunehmend beunruhigt wegen Dakhoun. Nein, »beunruhigt« ist was anderes, es bedeutet, dass etwas nicht in Ordnung ist, man aber irgendwie damit umgehen kann. Ich hatte schreckliche Angst um sie und fühlte mich auf eine Art hilflos wie noch nie in meinem Leben. Ob sie zu Fuß ging oder ritt, ihre Müdigkeit kam irgendwo anders her als von diesem steinernen Körper, der nicht verwundet werden und nicht bluten und nicht hungern konnte – von einem Ort, der für mich nicht erreichbar war, das wusste ich. Auch wenn sie immer noch kaum je stolperte und kein einziges Mal im Sattel zusammensackte, wusste ich doch, was ich wusste. Und ich hätte ohne Zögern meine Seele dafür gegeben, es nicht zu wissen. Götter, wenn ihr mich hört, ich würde es immer noch tun.

Jenia wusste es auch, auf ihre Art. Während Dakhoun unterwegs immer weniger mit mir sprach, redete meine Schwester immer mehr mit mir, fast wie Unterhaltung um der Unterhaltung willen. Wenn sie neben mir herging, zeigte sie auf einen funkelnden See oder einen blauen Hang an unserem Weg und sagte: »Erinnerst du dich? Du bist doch sicher hier langgekommen?« Und wenn uns eine lange, dunkle Kreatur, für die ich kein Wort hatte, über den Weg lief und uns einen kurzen Blick zuwarf, von dem ihr Pferd fast durchging, klatschte sie in die Hände und rief entzückt: »Oh, Sooz, wie wunderbar! Du hast ja solches Glück, einen zu sehen! In meiner ganzen Zeit …« Und da brach sie ab, um nach einer Pause lahm hinzuzusetzen: »Na ja, ich habe nur einen gesehen oder vielleicht zwei. Sie sind extrem selten.« Sie sagte mir den Namen der Traumigen für diese Kreatur, aber ich kriege ihn irgendwie nicht richtig hin.

Die Tage wurden jetzt wärmer, die Sonne schien länger, und Jenia wollte immer, dass wir weitergingen, solange das Licht reichte. Ich hatte schon lange aufgehört, mir Gedanken zu machen, ob sie uns genau dahin brachte, wo wir hinmussten, oder nicht. Ich konnte immer noch nicht sagen, welche Entscheidung sie gerade fasste: mit mir ganz bis nach Hause zu kommen oder doch noch in die Welt zurückzukehren, wo sie gekannt wurde – das Reich des Wundersamen, das auf seine unsterbliche Feenkönigin wartete. Ich wusste da schon und weiß bis heute, dass die Traumigen ihre Versprechen immer halten, auf ihre Weise.

Dakhoun schlief jetzt öfter, egal, wie problemlos sie

am Tag mit uns gewandert oder geritten war – sie, die immer so wenig Schlaf gebraucht hatte oder gar keinen. Ich hatte eine geeignete Stelle gesucht, um Jenias Stute anzupflocken – Eigentum des Königs hin oder her, dieses Pferd war ein geborener Streuner –, und hatte mich hingehockt, um Dakhouns Decke richtig hinzuziehen, ohne sie zu wecken, als ich den kleinen dunklen Mann sah.

Er schien aus dem Dunkel selbst zu kommen, ein fleischgewordener Schatten. Eben war er noch nicht da gewesen, und jetzt saß er dicht bei ihr, fast auf ihrer Schulter, und musterte ihr schlafendes Gesicht. Er beachtete es kaum, als ich ihn mit der Hand wegfegen wollte wie ein Insekt. Sein Gesicht war wie ein trockenes Blatt, und seine Stimme klang wie das erste Rascheln, direkt bevor der Wind kommt. »Geh weg, Kind. Geh schlafen.«

»Geh selbst weg«, sagte ich. »Du kannst sie nicht haben. Sie ist meine Freundin.«

Hatte ich Angst? Ich glaube nicht. Ich glaube, dazu hatte ich gar nicht die Zeit. Ich drängte ihn jetzt weg, schob mich zwischen ihn und Dakhoun. Er fühlte sich an wie ein Flüstern, wie ein schwacher Hauch. Ich sagte wieder: »Sie kann nicht sterben. Du hast kein Recht auf sie. Stein kann nicht sterben!«

Er drehte sich um und sah jetzt mich an, so wie er sie angesehen hatte, direkt in die Augen. Und, ja, *jetzt* hatte ich Angst, weil dieses Totes-Blatt-Gesicht so schrecklich mitleidig war. Er flüsterte: »Kind … Stein kann auch nicht lieben und tut es manchmal doch. Manchmal wird selbst Stein …«

Was auch immer ich hörte, was auch immer ich in seinem Gesicht sah, ich hörte oder sah nichts davon. Ich schob ihn einfach nur blind weg. »Hau ab! Geh jetzt sofort weg von meiner Freundin!«

Und er tat es. Er richtete sich auf, trat von Dakhoun – die sich kein einziges Mal im Schlaf bewegt hatte – zurück, machte eine seltsame kleine Verbeugung, steif und ernst, und lächelte mich an. Dann war er verschwunden, und ich saß neben Dakhoun und machte ein Geräusch, von dem ich nicht wusste, dass ich es machte, bis ich die Arme meiner Schwester um mich fühlte.

Ich hörte auf damit, ganz sicher. Und doch hörte ich es immer noch, das Geräusch, und es schien ewig zu dauern – es *dauerte* ewig –, bis ich merkte, dass meine Schwester Jenia das Geräusch machte, während sie mich in den Armen hielt. Da hielten wir uns dann gegenseitig in den Armen.

10

Das Problem war nicht, dass Jenias Stute sich irgendwie losgerissen hatte – ich konnte leicht erkennen, wohin sie davongestreunt war, einfach an den Hufabdrücken, den abgefressenen Blättern und den Pferdeäpfeln –, sondern, dass sie sich mit dem Strick im dichten, stachligen Unterholz verheddert hatte. Bis ich sie losbekommen und zu unserem Lagerplatz zurückgebracht hatte, war es schon fast Tag, und Dakhoun wollte mich gerade suchen gehen. Und der kleine dunkle Mann von letzter Nacht saß auf ihrer Schulter.

Ich wusste nicht, was tun. Sie bemerkte ihn offensichtlich gar nicht, spürte nicht sein Gewicht, hörte ihn nicht mal, wenn er ihr ins Ohr flüsterte, so wenig, wie sie mich zu ihm sagen hörte, er solle sie in Ruhe lassen. Als sie mich mit der Stute zurückkommen sah, drehte sich ihr Gesicht kurz zur aufgehenden Sonne. Und da wusste ich es wirklich.

Und der kleine dunkle Mann wusste, dass ich es wusste. Und in diesem Moment schien er vor Stolz zu schwellen, sich aufzublasen, größer als wir beide, größer als die Stute, die meine Schwester dem König gestohlen hatte. Dann war er verschwunden, restlos, wie ein Seufzer, und ich hörte mich sagen: »Sie hatte sich in einem Dornenstrauch verfangen, weiter nichts. Du hättest mich nicht zu suchen brauchen.«

Dakhouns Gesicht war so verhalten und ruhig wie immer. »Ich dachte, du bräuchtest vielleicht Hilfe. Sie ist nicht immer das einfachste Pferd.«

Wenn ich mit ihr umgehen kann, *ist* sie einfach, glaubt mir. Ich sagte: »Gut geschlafen?« Dakhoun nickte. Keine Andeutung – nicht die geringste –, dass sie gerade von einer Kreatur heimgesucht worden war, die ihr vielleicht Mitleid entgegenbrachte, aber keinerlei Güte. »Wir müssen früh los«, sagte sie. »Inzwischen kannst du deine Heimat bestimmt schon riechen.«

Konnte ich nicht. Dieses Land der Traumigen wurde immer hübscher – sogar freundlicher, wenn man so will –, aber es war so wenig meins wie eh und je. Vielleicht wenn wir über die Grenze kamen, vielleicht würde da dann ja ein vertrauter Wind sein, ein unverwechselbarer Geschmack der Luft, ein Baum oder ein Haus oder eine Stimme, die ich kannte. Ich lächelte nur und schüttelte leicht den Kopf. »Nein«, sagte ich. »Nein, noch nicht ganz.«

Ich bestand darauf, dass sie mit Reiten an der Reihe war, und Jenia unterstützte mich, obwohl Dakhoun wie immer protestierte. Also gingen wir beide neben der grauen Stute her, während rechts und links von uns plötzlich neue Bäume erschienen, jetzt in der Farbe von Brautkleidern und Morgensträußen. Nach einer Weile begann Jenia, leise vor sich hin zu singen.

Baum hinauf, geschwind zu Tal,
Apfelbutter war einmal …
Schwing dreimal um die Eich' dich flugs,
Mitternacht ist Sang und Jux.

Dieses Lied kannte ich. Es war eins, das mir mein Vater vorgesungen hatte. Mein Vater erinnert sich an viel zu viele dieser Lieder, wenn er nachts nicht schlafen kann, daher kenne ich sie, weil ich ihn durch die Wände singen hörte. Ich musste irgendwas mit den Augen oder meinem Gesicht gemacht haben, denn jetzt hörte sie auf zu singen. Sie sagte: »Was?«

»Nichts ändert sich«, sagte ich. »Es wird alles immer hübscher, aber es ist immer noch dasselbe. Dakhoun glaubt, dass du all die Veränderungen machst, aber das bist nicht du, stimmt's? Sag.«

Meine Schwester schwieg. Sie schien mit dem ganzen Körper wegzuzucken wie die geklaute Stute des Königs, wenn sie am Morgen einfach keine Lust hatte, sich satteln zu lassen. Ich sagte: »Es sind sie, immer. Was auch immer du willst, was auch immer du möglicherweise willst, es sind sie – es ist *es* –, der König, keine Ahnung. Du selbst kannst gar nichts ändern. Dazu hast du nicht die Macht.« Ich hielt an, stand unbewegt da inmitten dieses schönen Morgens. »Sag's mir, Jenia.«

Die Stute trottete in ihrem Passgang weiter. Dakhoun blickte sich nicht um und meine Schwester auch nicht. Ich hatte die Vision, wie sie sich immer weiter entfernten, ohne sich umzudrehen, ohne etwas zu sagen, bis ich für sie für immer außer Sicht war. In dem Moment ging mir ausgerechnet dieses Liedchen meines Vaters durch den Kopf, immer wieder, wie ein Zauberspruch. *»Schwing dreimal um die Eich' dich flugs …«* Sogar ich weiß, dass Eichen magische Bäume sind.

Schließlich sagte Jenia über ihre Schulter: »Ich führe euch den richtigen Weg. Du musst mir glauben, Sooz.«

»Tu ich ja«, sagte ich. »Aber mit dem richtigen Weg ist es nicht getan, oder?« Ich ging jetzt schneller, weniger, um sie und das Pferd einzuholen, als vielmehr, damit sie mich hörte. Meine Stimme klang nicht nach mir, sondern wie die Stimme einer alten Frau, der ich nie begegnet war. »Was weiß ich nicht, Jenia?«

Vor ihr hielt Dakhoun plötzlich die Stute an und sagte: »Der Tag ist zu schön zum Reiten.« Sie glitt aus dem Sattel, so geschmeidig wie ein Kind, und der kleine dunkle Mann ging jetzt neben ihr her. Manchmal war er deutlich zu sehen, manchmal nicht richtig, nur beinah. Aber er war da, bei ihr.

Dakhoun beachtete ihn nicht. Sie pflückte Wildblumen am Weg – auch etwas, was ich sie noch nie hatte tun sehen. Es ging ihr nicht um eine bestimmte Sorte oder Zusammenstellung: Manche hatten diese Farbe, andere jene, manche kamen mir bekannt vor, andere hatte ich weder in dieser Welt je gesehen noch in der, an die ich mich hoffentlich erinnerte. Dakhoun pflückte sie alle, so viele, wie sie halten konnte, drückte sie sich ans Gesicht und lächelte mit geschlossenen Augen, während der kleine dunkle Mann ihr mit seinem Lächeln zusah.

Jenia sagte: »Dein Weg nach Hause ist auf der anderen Seite von dem Weg, den du gekommen bist. Er ist für jeden anders, aber ich kann dich bis zu deinem Übergang bringen … dahin, wo du dich entschieden hast, verstehst du, Sooz? Verstehst du?«

Ich schüttelte den Kopf. »Nein, macht aber nichts, ich muss es nur wissen, wenn ich dort bin.« Dakhoun ordnete ihre Blumen, sichtlich glücklich mit ihnen – ja fast schon närrisch, was ich bei Dakhoun noch nie gesehen hatte. Ich fragte meine Schwester: »Wenn wir diese Stelle finden – meinen Übergang –, kommst du dann mit mir? Ich meine, mit uns?«

Die Stute nutzte die Gelegenheit, um abzufressen, was sie an Gras erreichen konnte. Jenia zog sie wieder her, richtete die Satteldecke und saß schnell auf. Ich war mir nicht sicher, ob sie meine Frage gehört hatte, also fragte ich noch mal. Als sie nicht reagierte, nahm ich das als Antwort und beließ es dabei. Wir drei zogen weiter.

Manchmal waren wir zu viert. Der kleine dunkle Mann erschien und verschwand, wie es ihm beliebte, ging neben Dakhoun her oder ritt zuweilen auf ihren Schultern wie ein müdes Kind. Mich sah er jetzt gar nie mehr an, aber ihr flüsterte er ab und zu ins Ohr. Ganz ab und zu sah ich sie leicht verärgert gucken oder gereizt den Kopf schütteln; ansonsten reagierte sie nicht auf ihn, hielt sich nur an ihren Wildblumen fest. Die schienen in ihren Armen neu zu erblühen, als ob sie selbst nach ihr ausgriffen, falls das irgendwie Sinn macht. Für mich machte es da keinen.

Wenn ich mit ihr sprach, antwortete sie nur knapp, nicht mehr als nötig. Vor langer Zeit – wie lang? Wer war ich damals gewesen? – wäre ich nie auf die Idee gekommen, sie zu fragen, wie es ihr ging oder ob sie nicht besser wieder reiten sollte. Jetzt verkniff ich mir solche Fragen, bot ihr nur Wasser an oder eins unserer wenigen, noch übrigen Kraftküchlein, die sie so gern mochte, wie sie überhaupt irgendetwas zu essen mochte. Und nachts … nachts blieb ich lange neben ihr wach.

Eins allerdings veränderte sich mit jedem Tag: Wir sahen wieder Traumige. Seit der schlimmen Zeit in der Wüste, als ich so lange gehungert hatte, hatten wir keinen einzigen Traumigen mehr gesehen, nicht, seit Jenia gekommen war und uns gefunden hatte. Jetzt waren da von Tag zu Tag mehr, gewöhnlich morgens oder abends; sie fielen praktisch von den Bäumen, um uns Gesellschaft zu leisten. Manchmal sahen sie fast aus wie Verwandtschaft, Leute, die man sein Leben lang gekannt hat, nur dass dies oder das an ihnen schrecklich verkehrt war. Dann wieder hätten sie wirklich reine Traumwesen sein können, unsere wilden Gefährten, schön oder furchterregend oder beides zusammen … alles zusammen, alles zugleich. Und die Götter mögen mir verzeihen oder auch nicht, wie sie wollen, aber ich verstand jetzt endlich, warum meine Schwester nicht nach Hause kommen wollte. Und ich konnte es ihr nicht verübeln.

Aber der kleine dunkle Mann war kein Traumiger. Er

war da, ob ich ihn sah oder nicht, und er wurde mit jedem Tag deutlicher für meine Augen, ob er neben Dakhoun ging wie ihr spezieller Begleiter oder auf ihr ritt wie ihr Herr. In beiden Fällen schien sie ihn gar nicht zu sehen, selbst wenn er so deutlich mit ihr sprach, dass ich ein paar Worte verstehen konnte. Einmal hörte ich ihn sagen: *»… meine Gründe«*, und ein andermal *»… sollte dich die Frage …«*. Und bis heute könnte ich schwören, dass da irgendwas war mit *»… der Hund war ein Versehen …«*. Der Hund? Was konnte er je mit meiner Malka zu tun gehabt haben? Aber sie beachtete ihn so wenig wie zuvor. Ihre ganze Aufmerksamkeit galt den unvergänglichen Wildblumen, die sie gepflückt hatte.

Nachts barg sie sie, ob der kleine dunkle Mann in der Nähe war oder nicht, sorgsam unter ihrer Decke, an ihrem Körper. Ich weiß das, weil ich sie so oft wieder richtig zudeckte, wenn sie sich unruhig hin und her drehte oder die Decke wegschob. In diesen Momenten streifte meine Hand manchmal Jenias Hände, und wenn wir auch nichts sagten, lächelten wir uns an. Dakhoun wachte nie auf.

In einer warmen Nacht, die nach nahendem Regen duftete, machten meine Schwester und ich zusammen einen Spaziergang. Es war nicht geplant, keine von uns wollte sich weit von Dakhoun entfernen, aber wir hatten nie darüber gesprochen und auch sonst über nichts Schwieriges. Wir sprachen hauptsächlich über die täglichen Veränderungen der Landschaft – an diesem Tag waren es schlängelige Streifen Moorland mit sonnenbeschienenen Tümpeln, die plötzlich aus dem Nichts erschienen –, und wir sprachen über ausgefallene Pflanzen und Tiere, die am Weg auftauchten und die selbst Jenia zum Teil noch nie gesehen hatte. »Sie machen das die ganze Zeit«, sagte sie leichthin, »du hast es ja selbst gesehen. Manches bleibt mehr oder weniger gleich, aber das meiste …« Sie zuckte mit der rechten Schulter, genau so, wie ich es tue, obwohl ihr das nie aufgefallen ist. »Es verändert sich.«

Beide sagten wir ein Weilchen nichts. Ich blickte immer wieder zu Dakhoun zurück, hielt Ausschau nach dem kleinen dunklen Mann. Schließlich räusperte Jenia sich. »Ich kann es nicht mit Bestimmtheit sagen, aber ich glaube, morgen sollten wir endlich dahin kommen, wo du dich entschieden hast. Wo du von deiner Welt in …« Sie sagte es nicht zu Ende.

»Ja«, sagte ich. Wir gingen weiter.

»Du wirst den Weg finden, ich versprech's dir«, sagte meine Schwester. »Wenn du erst über die Grenze bist, wird sofort alles wieder vertraut werden. Du wirst sehen.« Sie lachte heiter in der warmen Nacht. »Oh, ich versprech's dir, liebe Sooz, von dem Moment an wirst du alles wiedererkennen, was dich nach Hause führt. Auch den Ziegenpfad, auch die Windmühle, die Vater immer reparieren musste …« Sie berichtigte sich rasch. »*Unser* Vater, entschuldige.«

»Schon gut«, sagte ich. »Er hat eine neue gebaut, ein Freund aus der Nachbarschaft hat ihm geholfen. Das konntest du nicht wissen.«

Danach sagten wir nichts mehr, bis wir fast wieder an unserem Lagerplatz waren und ich sah, wie Dakhoun sich im Schlaf wälzte und der kleine dunkle Mann flackernd erschien und verschwand wie eine schlecht gemachte Kerze, während er sie beobachtete – oder über sie wachte? Nein, das dachte ich in dem Moment nicht; er löste sich so schnell in Luft auf, als ich zu ihr ging, dass ich kurz damit rechnete, dass auch sie verschwinden würde.

Jenia sagte leise: »Die alte Windmühle … Diese Entzündungen, die die Schafe immer in den Augenwinkeln bekamen … Ich erinnere mich an mehr, als mir lieb ist, Sooz.« Sie sagte wieder meinen Namen, diesmal fast als sanfte Frage. Ich drehte mich kurz zu ihr um, aber sie sagte nichts mehr.

Am Morgen hatte sich die Landschaft verändert, war zunächst eine große Fläche von schwarzem Sand, der in alle Richtungen zu fließen schien, und wurde dann allmählich zu einer Art Dschungel. Jede Menge Kletterranken wanden sich dicht an dicht um Bäume und verflochten sich zu großen grünen Dächern irgendwo ganz hoch droben; auf allen Seiten waren Hügel wie riesige Ameisenhaufen, und ich erkannte ahnungsweise fast lautlose Schleifen eines regenfarbenen Flusses. Die Traumigen waren jetzt zurückgeblieben, aber ihr Schwatzen und Lachen in den Bäumen klang trotzdem noch nah. Ich fragte mich, ob ich sie immer noch hören würde, wenn ich wirklich den Weg nach Hause gefunden hatte.

Eigentlich war Dakhoun mit Reiten dran, aber es war immer schwerer, sie dazu zu bringen, also ging ich ein Weilchen mit ihr zu Fuß, während Jenia vor uns herritt. Als der kleine dunkle Mann sichtbar wurde, versperrte ich ihm den Weg, bevor er auf ihre Schulter hinaufflackern konnte. »Schau sie doch an!«, forderte ich ihn auf. »Schau, wie sie zu Fuß geht, genau wie wir, Meile um Meile, ohne irgendwelche Beschwerden, ohne je über irgendwas zu klagen, stärker als irgendjemand sonst! Oh, du hast dich geirrt – sie gehört dir nicht, sie wird dir nie gehören, niemals! Du kriegst sie nicht, das lasse ich nicht zu!« Ich bemühte mich sehr, meine Stimme im Zaum zu halten, aber die letzten Worte mag ich geschrien haben. Nur diese paar aber.

Der kleine dunkle Mann sah mir zum zweiten Mal direkt ins Gesicht, wieder dieses schreckliche kalte Mitleid in den Augen. Er sagte nichts – er sprach nie wieder mit mir –, sondern berührte nur meinen Mund einen winzigen Augenblick mit der Hand und war wieder verschwunden.

Aber ich wusste, er war in der Nähe, immer, ob ich ihn sah oder nicht. Ich sprach zu ihm, ganz ruhig diesmal, erklärte mit plötzlich taub gewordenen Lippen: »Nein, sie muss nämlich mit zu mir nach Hause kommen, um meine Familie kennenzulernen!« Meine Lippen blieben den Rest des Tages gefühllos.

Es war ein langer Tag. Die Sonne sank nie wirklich, sondern hing einfach nur am Himmel, während der Himmel selbst davonzudriften schien, immer höher und blasser wurde, bis er schließlich gar nicht mehr wie ein richtiger Himmel wirkte, sondern mehr wie eine ferne schwebende Kuppel, die mit nichts darunter verbunden war. Ich hatte so etwas noch nie erlebt, nicht mal im Land der Traumigen. Der ganze Tag fühlte sich prall angeschwollen an, als ob jeden Moment etwas Schlimmes passieren würde. Ich wünschte, ein Unwetter bräche los oder vielleicht ein Erdbeben, was ich noch nie erlebt hatte. Nur damit es passierte, damit wir es hinter uns brächten.

Dakhoun ritt jetzt endlich doch, und ich ging neben meiner Schwester her. Der kleine dunkle Mann mit dem Totes-Blatt-Gesicht war nirgends zu sehen, und das machte mich noch nervöser, als wenn er auf Dakhouns Schultern saß. Sie aß und trank jetzt gar nichts mehr – hielt aber immer noch ihre Wildblumen fest, als wäre deren Duft alles, was sie an Nahrung brauchte –, und es wurde jeden Morgen schwerer, sie wach zu bekommen. Wenn sie dann aber wach war, war sie bereit, längere Strecken zurückzulegen, als Jenia oder ich es verkrafteten, drängte nie so wie wir darauf, eine Pause zu machen oder sogar ein kurzes Schläfchen. Sie sagte nie auch nur ein Wort zu mir.

Jenia sagte leise, fast flüsternd: »Hier … ungefähr hier. Ziemlich genau hier …«

Ich sah keinen Unterschied, außer dass es endlich dunkler wurde. Ich sagte: »Werde ich's merken?«

»Ich habe dir ja gesagt, es ist nicht für alle derselbe Ort. Ich weiß selbst bis jetzt nicht genau, wo ich die Grenze überquert habe – die Traumigen haben mich weggeholt, wie Vater gesagt hat.« Sie sprach jetzt mit jener anderen Stimme, bei der sich immer auch ihr Gesicht veränderte. »Und *du* … du guckst nie, wo du hingehst – du gehst einfach drauflos. Ich kenne dich nämlich inzwischen ein bisschen …«

Sie lächelte nicht richtig, es war mehr ein Schulterzucken mit dem Mund. »Also habe ich mir vorgestellt, wie du mich suchen gekommen bist, habe mir vorgestellt, wo dein Ausgangspunkt war und wie du über jemanden *gedacht* haben könntest, den du gar nicht kanntest …« Und jetzt lächelte sie richtig, und für einen Moment war sie wieder meine Schwester Jenia. »Das heißt, ich habe gewisse Vermutungen angestellt – und ja, ich habe auch gewisse Nachforschungen angestellt –, und jetzt sind wir den Weg, den du gekommen bist, zurückgegangen, du und ich und deine Freundin.«

»Dakhoun«, sagte ich. »Du kennst ihren Namen.«

»Ja, natürlich«, sagte Jenia. »Wir drei. Und jetzt sind wir fast da.« Sie atmete langsam und stockend ein und sah mir fest in die Augen. »Aber es gibt da Dinge, die du wissen musst, bevor wir weitergehen. Jetzt. Bevor du weitergehst.«

Ich hörte sie nur halb. Der Himmel wurde dunkel, außer da, wo wir waren. Um uns herum, über uns, stieg Helligkeit auf, als käme sie direkt aus uns dreien. Unterdessen flüsterte der kleine dunkle Mann die ganze Zeit auf Dakhoun ein, schmeichelnd und verführerisch, ohne Pause, ließ ihr keinen Moment Ruhe. Ich hatte schon einen Schritt auf ihn zugemacht, wollte ihn ohrfeigen, meine Finger gierten danach, ihn von ihr wegzureißen – es kümmerte mich nicht, *was* er war, nicht mehr –, als Jenia schließlich zu mir durchdrang. Ich drehte mich zu ihr um und sagte nur: »Was?«

Wenn ich mein ganzes Leben vergesse, wenn ich alles vergesse, was mir je passiert ist, alle, die ich je gekannt habe, an Jenias Gesicht in dem Moment werde ich mich immer erinnern. Noch im Sterben werde ich mich erinnern, wie ihr Gesicht aus den Fugen geriet so wie ihre Stimme, wie mein Herz, als ich sie sagen hörte: »Sooz, du bist nicht meine Schwester.«

Natürlich wusste ich das. Ich wusste es, seit Malka in meinem Bett gestorben war und ich nicht, obwohl wir doch sicherlich gemeinsam in irgendeinem Korb zur Welt gekommen waren. Ich glaube, ich wusste es schon, noch ehe ich Jenias liebes, fremdes Gesicht sah. Und doch würde ich es nicht hören. *Nein*. Nie und nimmer, so wenig wie Dakhoun je hören würde, was der Tod ihr ins Ohr flüsterte … so wenig, wie ich diesem aufsteigenden Licht irgendwelche Beachtung schenken würde oder dem, was in mir passierte. Irgendwo sagte Jenia: »Oh, Sooz, ich wünschte von ganzem Herzen …«, aber auch das würde ich nicht hören, nie und nimmer.

Und dann brach die Nacht auseinander, wie ich, und der König kam.

11

Er kam als Blitz. Er kam als ein Blitz mit Augen. Nein, das ist nicht das, was ich sah, nicht alles, das könnte nie alles sein. Da *war* ein Blitzen, ja, ein riesiges gelb-weißes Gleißen, aber nicht am Horizont, sondern so nah, dass ich wusste, Donner musste in den nächsten Sekunden folgen. Aber da war kein Donner, nur ein weiteres Blitzen, das den Bäumen alle Farbe nahm, sodass in diesem Moment alles schwarz-weiß war, selbst die Blätter an den Zweigen, selbst die Gesichter der Traumigen, die alle Äste bevölkerten. Die einzige Farbe auf der Welt, immer und überall, war das Blitzen aus den Augen des Königs.

Und ich habe auch die Farbe falsch beschrieben, tut mir leid. Als meine Augen sich halbwegs berappelt hatten, schien in seinem persönlichen Zwielicht alles eisfarben zu werden. Anders kann man die Farbe dieser Augen nicht nennen, nur dass es so eine Farbe wahrscheinlich nirgends gibt. Man kann sie auf keinen Fall *Weiß* nennen, und sie ist auch nicht wie Wasser oder Schnee, nicht wie Silber oder Stahl oder sonst irgendein Metall, das ich je gesehen habe. Was ihr am nächsten kommt, ist *Eis*, und auch das stimmt nicht. Die Farbe ist kalt wie der Tod und ururalt wie er.

Als er sprach, verstand ich ihn nicht. Nicht einfach nur, weil ich die Wörter nicht kannte, es kam daher, dass er niemanden beachtete außer Jenia. Und wenn einen der König der Traumigen nicht beachtet … dann existiert man irgendwie nicht mehr. Nein, das meine ich nicht – es ist eher, als wäre eine ganze Dimension verschwunden, so fühlte ich mich in dem Moment. Niemand auf der Welt existierte mehr außer Jenia. Jenia, die meine Schwester gewesen war …

Und was er zu ihr sagte, war vollkommen klar, Wörter hin oder her. *»Du hast mit solchen Kreaturen nichts zu schaffen. Lass sie sich auf ihren Weg machen und komm dahin zurück, wo du hingehörst. Komm zu deiner Familie.«*

Jenia antwortete ihm nicht. Ich konnte es ihr nicht verdenken. Ich sah ihr Gesicht.

Der König sprach wieder zu ihr. Ich kann nicht sagen, dass da Schmerz in seiner Stimme lag, ich weiß nur, dass sie irgendwie anders war. Er sagte: *»Deine Familie ruft. Komm nach Hause.«* Und er sagte ihren Namen.

Sie hatten einen eigenen Namen für sie, wie das in Familien so ist. Ich werde nie wissen, wie er lautete, aber ich hörte ihn diesen Namen sagen. Man konnte es gar nicht *nicht* hören.

Jenia sagte immer noch nichts, zitterte aber am ganzen Körper. Ich fühlte es, weil ich eng bei ihr stand, in der Hoffnung, dass sie mich spürte. Sie schüttelte leicht den Kopf … ganz leicht nur, aber der König merkte es. Er sagte: »*Du wirst nach Hause kommen.*«

Geschrieben sieht es aus wie ein Befehl, aber so klang es nicht. Er wollte noch etwas sagen, aber in dem Moment trat die Königin der Traumigen aus seinem Schatten.

Ihre Augen sind leichter zu beschreiben als seine. Sie waren blass wie Dakhouns Augen, aber viel heller, und sie hatten etwas Seltsames, fast schon Fernes, nicht, als wäre sie nicht ganz darin anwesend – solche Augen hat Nalak, unser alter Widder –, sondern eher, als ob sie sich in einem hochinteressanten Wald verloren hätte und intensiv darüber nachdächte. Vielleicht hätte ich gern solche Augen wie die Königin der Traumigen. Ich weiß es nicht.

Immerhin konnte ich leichter verstehen, was sie zu Jenia sagte. Vielleicht ja einfach deshalb, weil sie mit einer Tochter sprach, während er einer Untertanin *gebot*. Vielleicht weil er sich vor Jenia auftürmte wie eine Gewitterwolke, während sie kein bisschen größer wirkte als Jenia. Ein Blitzen ging von ihr jedenfalls nicht aus, das weiß ich.

Sie sagte nur: »Du fehlst mir.« Das ist mir von der Königin der Traumigen am stärksten in Erinnerung geblieben.

Jenia sagte ruhig: »Du fehlst mir auch.« Aber sie nannte sie nicht *Mutter* oder *Majestät*, und sie machte keinen Schritt auf sie zu.

Die Königin sagte: »Aber du gehst mit *ihnen*.« Es war nur eine winzige Pause vor dem letzten Wort, aber ich hörte sie. Ich hörte sie wie eine Glocke oder einen winzigen Hammerschlag.

Jenia holte Atem, bevor sie antwortete, aber in ihrer

Stimme war nichts Zögerndes. »Ich bin vor langer Zeit mit Euch gekommen. Es war ein wunderschöner Besuch, und ich werde nie sagen können, dass ich es bereue, aber jetzt muss ich nach Hause. Ich werde Euch immer dankbar sein für Eure Güte.« Und sie neigte den Kopf vor der Königin wie eine elegante Dame. Eine Dame von Stand.

»Güte …« Es war noch keine Frage, aber es war eindeutig mehr als ein kleiner Hammerschlag. Die Königin sagte: »Du meinst nicht, dass du bei uns vielleicht dein wahres Zuhause gefunden hast.« Und immer noch keine richtige Frage – sie kannte die Antwort schon lange. Vielleicht sogar länger als Jenia selbst.

Dann sprach der König. Ich verstand ihn so wenig wie zuvor, doch ich hörte die Bitterkeit in seiner Stimme so deutlich, wie ich den Jungen mit den Fischzähnen hatte sagen hören: »Sie gehörte zu uns, schon vor deiner Geburt …« Aber die Königin ignorierte ihn einfach. Ich hätte nie gedacht, dass man das mit einem König der Traumigen tun konnte.

»Wir haben auf dich gewartet.« Obwohl sie ihre Stimme so fest unter Kontrolle hielt, wie sie irgend konnte, kämpfte die in ihrer Kehle wie ein wildes Tier. Sie kam frei, und es brach aus der Königin heraus: »Wir haben länger gewartet als deine *Eltern!*« Dieses letzte Wort kam in einem Ton hervor, dass ich mir die Hände vors Gesicht hielt. »Länger, als *sie* je gewartet haben! Wir haben so lange auf dich gewartet, so lange!«

Ich fühlte, dass Jenia neben mir zitterte, aber ihre Stimme blieb fest. »Ich habe fast mein ganzes Leben bei Euch verbracht, und ich kenne diese anderen praktisch gar nicht mehr – das stimmt. Aber Sooz … Sooz und ihre

Freundin sind mich suchen gekommen, ohne mich je gekannt zu haben, weil sie wussten, wo ich hingehöre.« Als ich es schaffte hinzugucken, war sie weiter vorgetreten und stand jetzt dicht vor der Königin. »Ich weiß nicht, woher sie das wusste, und sie wahrscheinlich auch nicht. Aber sie weiß es. Deshalb gehe ich mit ihr nach Hause.« Jetzt waren da Tränen auf ihrem Gesicht, aber sie kümmerte sich nicht darum. »Ich habe Angst, und ich habe keine Ahnung, was mich bei diesen Fremden erwartet. Aber das ist egal. Es tut mir leid.«

Die Königin der Traumigen weinte nicht. Doch sie wollte noch etwas sagen, als der König ihr das Wort abschnitt. Diesmal duldete er keine Diskussion. Das war klar.

»*Komm mit*«, sagte er zu seiner Frau – und es war jetzt seine Frau, mit der er sprach, keine Königin. »Überlass sie denen, für die sie sich entschieden hat, ihrem Hund und der wandelnden Statue, die sie für ihre Freundin hält … ihrer wahrsten Familie.« Die Verachtung in diesen Worten hätte einem das Herz brechen können, wenn das Gesicht der Königin es nicht schon getan hätte. Ich wünschte immer noch, ich hätte es nicht gesehen, dieses Gesicht, diese Augen.

»Ich bin kein Hund.« Ich musste laut sprechen, wenn sie mich hören sollten, und es war mir wichtiger als jemals irgendwas. »Ich bin Sooz. Das ist Dakhoun, meine einzige Freundin auf der ganzen Welt – und das ist meine Schwester Jenia.« Ich wartete, dass sie – und Jenia – mir widersprachen, aber niemand tat es. »Wir gehen jetzt dahin zurück, wo wir herkommen, ob mit Eurer Erlaubnis oder ohne.«

Ich legte einen Arm um Jenias Schultern und den anderen um Dakhoun – die mich aus diesen blassen Augen ansah, als hätte sie mich noch nie gesehen – und ging mit den beiden los.

Die Traumigen in den Bäumen waren, während wir dem König und der Königin gegenüberstanden, so still gewesen, dass man leicht hatte vergessen können, dass sie da waren, und mir war das nur recht so. Jetzt jedoch stimmten sie ein stöhnendes Klagen an: nicht das übliche Geschnatter, teils Singen, teils Botschaft und teils offener Spott, an das ich mich als Begleitgeräusch meines Lebens in diesem seltsamen Land gewöhnt hatte. Das jetzt war ein bedrohliches Seufzen, das allmählich lauter wurde. Ich hätte nicht gedacht, dass die Traumigen je so ein Geräusch machen würden.

Hinter mir rief der König: »Hund? Hund!«

Ich musste mich umdrehen, ja, aber nur den Kopf, nicht den ganzen Körper, und ich blieb nicht stehen. Der König sagte: »Du solltest besser auch mit uns zurückkehren, Hund. Das Leben, das dich und deine steinerne Freundin bei uns erwartet, wird weit weniger enttäuschend sein als alles, was du dir dort zu finden einredest, wo du hinwillst. Du weißt das bereits, Hund.«

Ich ging weiter. Ich spürte meine Füße nicht, aber ich ging weiter und Jenia auch. Seltsamerweise oder auch nicht war es Dakhoun, die sich unter meinem Arm so wütend umdrehte, dass ich sie mit aller Kraft davon abhalten musste, zum König zurückzugehen und ihm Bescheid zu stoßen. Nicht zum ersten Mal hatte ich vergessen, wie stark sie war. Die Traumigen klagten mit jeder Minute lauter, und das meiste, was Dakhoun zu mir sagte, konnte ich nicht verstehen. Ich bekam nur Bruchstücke mit: »*Er begreift nicht … Er weiß nicht, wer du bist …*«

Da war noch etwas – etwas, was die Königin uns hinterherrief, aber es ging im traurigen Lärm der Traumigen unter. Ich bugsierte uns entschlossen vorwärts, ohne mich umzudrehen, und tat weiterhin mein Bestes, Dakhoun ebenfalls davon abzuhalten. Einmal entwand sie sich mir beinah, aber ich hielt sie fest.

Dann plötzlich war alles verschwunden, waren all die Stimmen weg, und ich stolperte, als Dakhoun aufhörte, sich zu sträuben, und wäre hingefallen, wenn Jenia mich nicht aufgefangen hätte. Der Mond ging so dick und fett auf, dass es sich irgendwie anfühlte, als wäre er das einzige Geräusch.

Wir wussten alle drei, dass wir die Grenze überquert hatten, die Barriere zwischen einer Welt und jener anderen – keine von uns musste es aussprechen. Wir standen eine Weile still da, unter diesem aufgeblähten, bedrohlichen Mond, bis Dakhoun langsam sagte: »Das ist … nicht dein Zuhause, Sooz.«

Es war keine Frage. Wie die Königin kannte sie die Antwort bereits. Ich schüttelte den Kopf, und Dakhoun nickte. »Komm. Ich bringe dich nach Hause.«

Und damit marschierte sie los, zügig vom Mond weg. Jenia folgte ihr, sputete sich, um mit diesem sturen, unermüdlichen Ausschreiten, das wir beide so gut kannten, mitzuhalten. Ich aber blieb noch stehen und blickte zurück zu jenem anderen Land, wo ich die gefunden hatte, von der ich geglaubt hatte, sie sei meine Schwester … wo ich das Mädchen verloren hatte, von dem ich geglaubt hatte, es sei ich … und der unmöglichen Kreatur begegnet war, die ich liebgewonnen hatte. Ich musste länger dagestanden haben, als ich dachte, denn als ich die beiden schließlich einholte, war die Sonne schon ganz und gar aufgegangen.

Die Dinge verschwimmen, wenn man so müde und daneben ist, wie ich es war, darum kann ich ehrlich nicht sagen, ob wir zwei Tage marschierten oder sogar drei. Ich weiß, dass alles, was um uns herum blühte, hübsch war, aber nichts davon so vertraut, wie es hätte sein sollen. Ich hörte das Geräusch von Wasserfällen, so beruhigend wie der Geruch von Pflanzen ringsum, auch wenn ich keine einzige wiedererkannte. Ich wollte so gern so etwas finden wie die Wildpilze, die ich meiner Mutter immer gebracht hatte.

Eines frühen Morgens, nachdem wir fast die ganze Nacht marschiert waren, suchten wir uns einen Lagerplatz, und Jenia und ich gingen zusammen auf die Suche nach etwas Essbarem. Dakhoun wollte auch mit, aber ich bestand darauf, dass sie dablieb und sich ausruhte. Seit sie sie angesehen hatten, der König und die Königin der Traumigen, hatte ich noch mehr Angst um sie. Die ständige Anwesenheit des kleinen dunklen Manns machte es nicht besser.

Als ich zurückkam, die Arme voll Wildzwiebeln und Waldspargel – man kann das beides zusammen garen –, wollte Dakhoun nicht aufwachen.

Sie lag einfach nur da auf ihrer Decke, halb auf der Seite, ganz friedlich. Ihr Kopf ruhte auf ihrer flachen rechten Hand. Daran erinnere ich mich, so wie ich mich erinnere, wie ich versuchte, sie bei jenem anderen Namen zu rufen.

Ich weiß nicht, wie lange ich so dasaß, im trocknenden Morgengras, Dakhouns Kopf in meinem Schoß. Die Sonne bewegte sich nicht; das liebliche, nichtssagende Wetter hielt an, und die dahinschießenden, emporsteigenden, herabstoßenden Vögel über uns waren jetzt richtige Vögel, auch wenn ich keinen davon erkannte. Überall war jetzt mehr Löwenzahn als am Tag zuvor.

Und der kleine dunkle Mann saß neben ihr und wirkte genauso ruhig und friedlich wie sie.

Dakhoun schien jetzt länger zu brauchen zwischen einem langen, langen Atemzug und dem nächsten, aber das war vielleicht auch nur ich, die mit ihr atmete. Was mich mehr beunruhigte als ihre Atmung – die war im Moment zumindest ziemlich stetig und regelmäßig –, war die unleugbare Veränderung, die mit ihr, in ihr vor sich ging.

Sie sah immer noch aus wie sie selbst, wie niemand anders auf der Welt: wie der seltsame, tröstliche Schemen, der sich in der Nacht am Ende der Welt über mich gebeugt hatte, um mich, so weit es ging, von dem zu reinigen, was aus mir geworden war. Doch jetzt schimmerte der Stein hindurch.

Ich legte meine Hand auf ihre Wange, ihren Hals, fühlte das langsame Atmen unter meinen Fingern und das ferne Flüstern ihres Herzens. Der kleine dunkle Mann saß für sich und schien sich für das alles nicht zu interessieren, als ob jedweder Kampf zwischen ihnen längst vorbei wäre. Zweimal sah ich ihre geschlossenen Lider zittern, und beide Male sagte ich ihren Namen, aber sie reagierte nicht. Es gab jetzt keine Stelle mehr, an der ich nicht das Anderssein unter ihrer Haut fühlte, egal, ob ich das steinerne Skelett emporwachsen sah oder nicht. Ich wusste nicht, was ich für sie tun könnte. Ich konnte nur weiter flüstern wie ihr Herz.

Ich sah nicht auf, bis Jenia sich neben mich setzte. Ich erkannte sie kaum; sie schien in diesem Moment so weit weg wie damals an meinem siebzehnten Geburtstag, als ich sie zum ersten Mal gesehen hatte, im Schatten eines hohen grauen Felsen. Sie sah mich über diese Entfernung an, mit den Augen fragend. Ich schüttelte den Kopf, und wir saßen eine Weile stumm da und sahen Dakhoun beim Atmen zu. Ich strich ihr immer wieder das Haar zurück, weil der Wind es immer wieder durcheinanderbrachte.

Schließlich sagte Jenia: »Also dann.« Sie stand abrupt auf und machte eine auffordernde Kopfbewegung, darum stand ich ebenfalls auf. Jenia sagte: »Vaters Lied, das, das er mir immer vorgesungen hat. Weißt du noch, wie es ging?«

Zur Antwort sang ich die ersten Zeilen des Lieds: *»Baum hinauf, geschwind zu Tal … Apfelbutter war einmal …* Ich konnte es nicht glauben, als du das neulich gesungen hast.«

»Das ist so ziemlich alles, woran ich mich erinnere«, sagte Jenia leise. »Dieses Lied … vielleicht noch ein, zwei andere, ich weiß nicht.« Sie hielt inne, dachte scharf nach. »Oh, da war so eine Geschichte – an die Geschichte erinnere ich mich. Ein kleines Mädchen und ein Löwe … und ein Fuchs, oder? Ein Fuchs, der das kleine Mädchen gerettet hat …?«

Ich verspürte einen seltsamen Stich und schämte mich dafür. Das war *meine* Geschichte, meine Lieblingsgeschichte, und er hatte sie meiner Schwester – die nicht meine Schwester war, nie meine Schwester sein konnte – erzählt, bevor ich geboren wurde. Aber ich sagte nur:

»Ja, die Geschichte kenne ich. Aber es ist eine Katze, eine schwarze Katze. So wie er's erzählt hat. Eine kluge schwarze Katze und ein kleines Mädchen.«

»Ah, ja natürlich. Ja. Eine schwarze Katze.«

Wir schwiegen, während ich den Blick nicht von Dakhouns Gesicht wandte. Jenia beobachtete mich – das sah ich aus den Augenwinkeln. Dakhouns Atem klang ruhig und fern, und ich hätte nicht sagen können, warum mir das solche Angst machte. Ich versuchte nur immer weiter, ihren ganzen fremdartigen Namen zu sagen, bekam es aber nie richtig hin.

»Also dann.« Diesmal flüsterte Jenia. Sie drehte sich abrupt von mir weg, hin zu einem dicht bewaldeten Hang, wo ich am Morgen ein Fuchspaar hatte jagen sehen, und begann wieder zu singen:

Baum hinauf, geschwind zu Tal,
Apfelbutter war einmal …
Schwing dreimal um die Eich' dich flugs,
Mitternacht ist Sang und Jux …

Beim Singen gewann ihre Stimme an Kraft, und mir schien, dass es im Geäst der Bäume ein ganz klein wenig zu rascheln begann. Und der kleine dunkle Mann, der ausgesehen hatte, als schliefe er schon fast im Gras neben Dakhoun, setzte sich plötzlich auf und starrte uns drei an: zuerst sie, dann kurz mich … und danach vor allem Jenia, die ganz aufrecht dastand, den Kopf zurückgelegt, und ihre Stimme und der Wind schienen irgendwie eins zu werden, als sie aus vollem Herzen sang:

Baum hinauf, geschwind zu Tal,
Apfelbutter war einmal …
Schwing dreimal um die Eich' dich flugs,
Mitternacht ist Sang und Jux.

Und die Äste der Bäume wackelten jetzt heftiger, erst einer, dann der nächste und dann alle, und die Blätter schlugen gegeneinander, als ob dort oben etwas Großes und Lautes lebte. Und weil ich auf nichts anderes geachtet hatte als auf Dakhouns langsamen und immer noch langsamer werdenden Atem, bemerkte ich jetzt zum ersten Mal, dass die Bäume an diesem Hang allesamt Eichen waren.

Jenia drehte sich nicht zu uns um, nicht mal für einen kurzen Blick zu mir. Sie ging einfach los und begann, um die größte Eiche herumzugehen, wobei sie länger brauchte, als man für nötig gehalten hätte, so dick der Stamm auch war. Auf der anderen Seite verschwand sie ein Weilchen – auch das ein bisschen länger, als man erwartet hätte –, und als sie wieder in Sicht kam, war ihr Gesicht älter als vorher. Der kleine dunkle Mann beobachtete jeden ihrer Schritte, während sie ihre erste Runde um die Eiche beendete. Es dauerte lange.

Die zweite Runde schaffte sie kaum. Sie wankte und stolperte, und ich hörte sie auf dem ganzen langen Weg keuchen … aber irgendwie ging sie doch immer weiter. Als sie gerade wieder bei uns ankam, knickten die Beine unter ihr weg, und es gelang mir nur halbwegs, sie aufzufangen, als sie vor mir zusammenbrach. Sie konnte nicht sprechen; ihre ganze Kraft ging ins Atmen, und ich wusste nicht, was tun, außer ihr die Schultern zu massieren. Die Eichenblätter über uns flatterten jetzt heftig und wütend;

der kleine dunkle Mann war aufgestanden, sein Totes-Blatt-Gesicht eindeutig ärgerlich. Dakhouns Augenlider zitterten, versuchten, sich zu öffnen.

Mir schien eine Ewigkeit vergangen, als Jenia endlich sprechen konnte. Ihre Stimme war klar, aber so zittrig, dass ich genau hinhören musste, weil die Äste so peitschten. »Tut mir leid … Es tut mir so leid.«

»Wovon sprichst du?«, fragte ich. »Du hast dein Bestes getan mit einem Kinderliedchen – was hast du erwartet? Was sollte das überhaupt bezwecken?«

Jenia, die immer noch versuchte, wieder richtig zu Atem zu kommen, schüttelte den Kopf. »Nein, nein, es war meine Schuld. Ich wusste, was getan werden musste, aber ich konnte nicht – ich war nicht stark genug, ich dachte, ich wäre es, ich war mir sicher … Oh, *Sooz.*«

Jetzt weinte sie, weinte genauso, wie mein Vater weint, völlig lautlos, mit trockenen Augen, aber am ganzen Körper bebend wie diese Eichenäste am windstillen Hang. Ich legte die Arme um sie, linkisch, versuchte, ihren Kummer zu teilen, ohne eine Ahnung zu haben, worin er bestand. In gewisser Weise war es ein bisschen, wie wenn Dakhoun mich in den Armen hielt.

Schließlich brachte Jenia heraus: »Sooz, du musst wissen, es gibt keinen anderen Weg nach Hause für dich.« Ich fühlte, wie mein Gesicht ganz, ganz kalt wurde, und sie musste es gesehen haben, denn sie setzte schnell hinzu: »Ich meine, für uns alle, für dich und sie – Dakhoun – und für mich auch. Der König kann uns nicht über ihre Grenze zurückbeordern, selbst wenn er es wollte, aber er kann uns hier in diesem … diesem *Zwischen*land stranden lassen, solange es ihm beliebt.« Sie atmete tief und rau ein, bevor sie fortfuhr. »Es geht hier um mich, um sonst niemanden. Ich bin diejenige, die ihn verärgert hat.«

Ich starrte sie an. Jenia sagte: »Der König und die Königin haben keine Kinder. In ihrem ganzen Land – und es ist fast so endlos, wie du denkst – hast du da je auch nur ein einziges Kind gesehen?« Sie klang neugierig, als wollte sie es wirklich wissen.

Ich sagte: »Ich weiß nicht genau. Das mit dem Alter ist hier so durcheinander.« Jenia lächelte knapp und forderte mich mit einer Kopfbewegung auf weiterzureden. »Ich meine, ich habe Wesen gesehen, die so viel jünger wirken als ich, aber ich weiß, sie sind es nicht – und dann sind da andere, die so alt sein könnten wie du oder vielleicht etwas älter, aber ich kann es nicht sagen.« Ich sprach, aber die Worte kamen langsamer heraus, als ich wollte. »Wenn ich drüber nachdenke, kann ich nicht mal sagen, wie lange ich wirklich in diesem Land war.«

Jenias Blick hielt meinen immer noch fest, wollte mich dazu bringen, etwas zu sehen, wovon ich wusste, dass ich es nicht sehen wollte. Ich hätte meine Augen zugemacht, wenn ich gekonnt hätte.

Jenia sagte ausdruckslos: »Die Kinder, die sie den Sterblichen stehlen, bleiben nicht am Leben. Niemand weiß, warum, nicht mal der König, aber es ist so. Manche leben länger als andere – ich kannte einen Jungen, der eine ganze Zeit lang vor mir mit ihnen weggekommen war. So nennen sie es nämlich, *mit ihnen wegkommen* … Aber auch er ist gestorben wie alle. Immer, immer, Sooz.«

»Aber du nicht!« Ich schrie nicht, aber es war nah dran. »Du solltest was Besonderes sein! Sie haben dir versprochen, du würdest ewig leben wie eine von ihnen! Das haben sie doch gesagt!« Es ergibt keinen Sinn, aber ich empörte mich plötzlich für meine Schwester, obwohl sie gar nicht meine Schwester war. »Sie haben es dir versprochen, das hast du mir doch gesagt … und trotzdem hast du beschlossen … hast dich dafür entschieden, mit uns nach Hause zu kommen, trotzdem! Ich …«

Ich werde immer dankbar sein, dass sie mich da unterbrach. Jenia lächelte mich an, und ich weiß ganz sicher, was auch immer ich bin – was auch immer ich wirklich bin –, niemand hat mich je so ganz und gar angelächelt. Nicht meine Eltern, nicht mal Molly Grue oder König Lír … nur Jenia, die viel, viel weniger Familie für mich war als meine Malka. Nur Jenia lächelte mich so an … Jenia und meine steinerne Freundin, die zu meinen Füßen im Sterben lag und die nie eine große Lächlerin gewesen war.

Jenias Gesicht war so heiter entschlossen, wie ihre Stimme zittrig und ängstlich war. Sie sagte: »Wo sollte ich denn sterben, wenn nicht zu Hause? Auch wenn ich mich kaum an zu Hause erinnere – nicht an meine Mutter und meinen Vater und an dich schon gar nicht, liebe Sooz –, wo sonst sollte es sein?« Sie lachte wacklig und hob die Hände, als sie mich ansah. »Und *du* … du warst so stur, so ein ausgewachsener Dickschädel, nichts ist da durchgedrungen, nicht mal ich – du bist einfach *gekommen*, gekommen, um mich zu finden, wo ich mich auch versteckte …«

Es war ganz gut, dass ich nur halb zuhörte, weil ich sonst bestimmt im Nu in mein altes Muster zurückgefallen wäre, mich wie der größte Idiot der Welt zu fühlen; das passiert mir auch jetzt noch zu leicht. Was aber zu mir durchdrang, war die Tatsache, dass sich durch das alberne Schlafliedchen meines Vaters nichts geändert hatte. Die

Eichenblätter waren immer noch so geschäftig, als würde gleich *etwas* passieren, aber es passierte gar nichts.

Baum hinauf, geschwind zu Tal,
Apfelbutter war einmal …

Na ja, der Anfang konnte eine Wegbeschreibung sein, irgendwie, aber die zweite Zeile, da wusste ich, was gemeint war. Das war Vaters alter Scherz darüber, wie meine Mutter einmal den ganzen Nachmittag damit zugebracht hatte, aus unseren letzten Äpfeln des Jahres Apfelbutter zu machen, und wie er eilig durch die Küche gestürmt war und es geschafft hatte, den Topf vom Feuer zu stoßen, sodass die Apfelbutter nicht mehr zu retten war. Es war eine dieser Familienanekdoten, die jeder für immer im Kopf hat, auch ich, obwohl ich da noch gar nicht geboren war, und irgendwann wurde es auch Teil seines Kinderschlaflieds.

Schwing dreimal um die Eich' dich flugs,
Mitternacht ist Sang und Jux …

Jeder weiß, dass Eichen magisch sind, das sagte ich ja schon. Es hatte Jenia alle Kraft gekostet, auch nur einmal um die dickste Eiche an diesem Hang herumzugehen. Das hatte überhaupt nichts bewirkt, aber was, wenn das Wichtige dieses eine Wort war, *Schwing* …

»Schwing.« Ich hörte mich das Wort laut sagen. »Jenia. Du bist um den Baum *gegangen*. Aber in dem Lied heißt es *Schwing dich*. Vielleicht bist du einfach nicht schnell genug um sie herumgegangen?«

Ich erinnere mich an ihr Gesicht, als sie dastand und mich verdutzt ansah. »Aber es ist doch nur ein Kinderliedchen! Und die letzte Zeile – *Mitternacht ist Sang und Jux? Das* ist doch das Quatschigste von allem!«

»Außer wenn's nur um den Reim geht. Das machen die Leute andauernd, einfach irgendwas suchen, was passt.« Ich hatte mir selbst schon ein paar holprige Liedverse ausgedacht, aber von denen würde ich ihr jetzt nichts erzählen. Vielmehr packte ich sie an den Schultern und schüttelte sie, um ihr verständlich zu machen, was ich plötzlich auf unerklärbare Weise wusste, ganz tief drinnen. »Ein Kinderlied ist nie ein quatschiges Lied. Manchmal kann es ein Zauber sein, eine Wegkarte, die uns nach Hause führt. Aber es wird nicht funktionieren, wenn wir nicht alle Anweisungen ganz genau befolgen.« Ich atmete so aufgeregt, dass es fast unmöglich war, die Worte deutlich hervorzubringen. »Hör zu, Jenia, das ist wirklich wichtig. Du musst dreimal um die Eiche herum – nicht nur zweimal, das ist klar –, und du musst dich irgendwie um diesen Baum herum*schwingen* …«

Ich versuchte, ihr zu zeigen, was ich meinte, während sie mich weiter ansah und langsam zu nicken begann. Ich sagte: »Jenia, ich weiß nie, wann ich mit irgendwas recht habe, aber diesmal weiß ich's. Diesmal bin ich mir ganz sicher!«

Doch es war unmöglich. Ich wusste es, noch während die Worte aus meinem Mund kamen. Sie konnte noch nicht mal richtig stehen, geschweige denn, es mit diesen Eichen aufnehmen, so aufgebracht, wie sie waren. Ich hatte Angst, was auf der anderen Seite unter den Blättern warten könnte, und ich hatte Angst, Dakhoun mit dem kleinen dunklen Mann allein zu lassen, der auf ihren letzten Atemzug wartete. Und vor allem hatte ich Angst, dass sie die Augen öffnen und mich nicht vorfinden könnte. Aber es gab keine Wahl, wenn ich uns alle nach Hause bringen wollte. Wie sich herausstellte, hatte es nie eine Wahl gegeben.

Ich beugte mich nah an ihr Gesicht, damit der kleine dunkle Mann mich nicht hörte. »Ich muss weg, ich muss was regeln, aber es dauert nicht lange. Warte auf mich – ich bin gleich wieder da.« Ich wollte noch etwas sagen, wusste aber nicht, wie. »Gehe ja nirgends ohne mich hin.« Und ich stand auf.

Der kleine dunkle Mann versuchte, mir den Weg zu versperren, aber ich ging einfach um ihn herum, als wäre er auch nur ein Baum. Er stellte sich mir nicht mehr in den Weg, sagte aber etwas, was ich einfach überhörte. Ich hatte mit ihm nichts zu schaffen. Ich holte tief Luft, murmelte selbst etwas und rannte los.

Nein, das stimmt so nicht, und es ist schwer zu erklären. Ich weiß nicht, woher, aber irgendwie wusste ich, dass *sich schwingen* nicht *rennen* hieß. Sichschwingen ist etwas irgendwo zwischen Rennen und Zügiggehen und hat mehr mit Rhythmus zu tun als mit Tempo. Man muss es im Körper spüren, in den Hüften und Knien, und man kann es nicht lernen, niemand kann es einem beibringen. Ich glaube, als ich meine Runde um die Eiche begann, dachte ich daran, wie Dakhoun sich bewegte, aber das fühlte sich auch nicht richtig an. Ich stützte mich einfach leicht an der Eiche ab, nur kurz, und holte Schwung.

Die erste Runde war nicht schwer. Die Blätter streiften zwar mein Gesicht, aber sonst schien nichts daran interessiert, mich zu bremsen. Und ich war in einem fließenden, angenehmen Rhythmus, holte mir Leichtigkeit, indem ich den mächtigen Stamm berührte und mich beinah – aber nicht ganz – davon abstieß, und bewegte mich weiter. Ich kann es nicht besser beschreiben als so, aber einmal im Leben wusste ich, was ich tat. Einmal im Leben war ich mir ganz sicher … meiner selbst sicher.

Aber bei der zweiten Runde …

Auch wenn ich wusste, was Jenia bei ihrer einen Runde um den Baum durchgemacht hatte, hätte ich unmöglich auf das vorbereitet sein können, was mich erwartete. Wenn ich nicht immer weiter im Schwung geblieben wäre, den Stamm immer wieder kurz mit den Fingerknöcheln gestreift hätte, hätte ich es wahrscheinlich nicht mal so gut geschafft wie Jenia. Nicht wegen der Blätter, die mir so hart und stetig ins Gesicht schlugen, dass sie Spuren zu hinterlassen drohten, nicht wegen der halbverdeckten Eicheln, über die ich dahinstolperte, nicht wegen der Wurzeln, der knorrigen, verdrehten Wurzeln, die vorher nicht da gewesen waren und sich jetzt hungrig emporwölbten und Fußangeln bildeten, sodass ich immer wieder aus dem Rhythmus kam … Es war wegen der Stimmen, dieser Stimmen, die ich nicht richtig ausmachen konnte, flüsternd in den Blättern um meinen Kopf, schnatternd und bellend, so gierig, so eifrig, dass ich nur alles daransetzen konnte, sie nicht zu hören. Zuerst befürchtete ich, es seien die üblen kleinen rotköpfigen Kreaturen, die sehr alte Eichen befallen können, von denen hatte mir mein Vater erzählt. Aber diese Stimmen waren anders, auf andere Art boshaft …

Man muss im Schwung bleiben – wenn man nur einen

Moment stehen bleibt, um Atem zu schöpfen, ist alles aus. Ich weiß nicht, woher ich das weiß, ich weiß es einfach.

Ich schaffte es, einmal kurz zu Dakhoun und Jenia hinüberzublicken, als ich keuchend meine dritte Runde um die Eiche begann. Wegen der wild peitschenden Blätter konnte ich nur kurz sehen, wie Dakhoun sich aufsetzen wollte und Jenia sie mit einem Arm um die Schultern stützte. Dann war das alles weg, war alles weg, und da waren nur die Stimmen und der Wind. Oder vielleicht *waren* die Stimmen der Wind, und dieser ganze Sturm, der mir bei jedem Schritt entgegenblies, mich umzuwerfen versuchte, und die Zweige und Äste, die hungrig schnappten, *aber ich darf nicht fallen, darf nicht, darf nicht,* das alles war ich, meine eigene Dummheit, stieß mich auf alles Dumme, was ich in meinem Leben je getan hatte, angefangen damit, wie ich Malka einmal fast ertränkt hatte, als ich einfach wusste, ich konnte in diesem Fluss schwimmen, und sie musste mich retten, bis dahin, dass ich meinem Vater weggelaufen war, direkt zu diesen Männern, diesen vier Männern, an die ich nicht denken darf, als da keine Malka war, um mich zu retten, *darf nicht, darf nicht fallen,* weil, ich bin ja sowieso nur ein Hund, nur ein Hund aus einem Korb wie sie, *der Wind darf nicht, wenn ich falle, ist es aus,* alles Dumme, *ich dummes, dummes Ding,* arme steinerne Dakhoun, nur auf der Suche nach dem Tod und jetzt für immer gestrandet mit *mir dummem, dummem Ding …*

Und aller Wind war weg, und natürlich fiel ich der Länge nach hin, schmerzhaft auf die Nase, und als ich mich schließlich aufrichtete, war ich zu Hause. Waren wir zu Hause.

12

Der kleine dunkle Mann war gar nicht froh. Er ritt auf Dakhouns Schultern wie immer und murmelte und flüsterte ihr immer noch ins Ohr, aber sie beachtete ihn nicht mehr, als sie ein Insekt beachtet hätte. Ja, sie kam vielleicht manchmal ein kleines bisschen vom Weg ab, aber sie wankte nicht, nichts dergleichen. Sie trug den Kopf hoch, und ihre blassen Augen waren klar, und ich war direkt neben ihr, so nah ich konnte, ohne sie zu bedrängen. Jenia ging an ihrer anderen Seite, war einfach nur wortlos da, für den Fall. Dakhoun kam mit uns nach Hause, wie sie es versprochen hatte.

Der Tod hätte es sowieso schwer gehabt, sich Gehör zu verschaffen, weil ich auf sie einschnatterte wie der hysterischste Traumige, den man je gesehen hat. »Schau, Dakhoun, *da* – das ist der Baum, wo die Fuchsfamilie jeden Winter ihren Bau hatte! Und *oh, da* war der große Brand, von dem ich dir erzählt habe, als wir beinah das Haus verloren hätten … Und diese großen Felsen, da hat Wilfrid mich zum Wettklettern herausgefordert, und einmal habe ich ihn geschlagen, nur mir leider dabei das Bein gebrochen …« Alles war da, so, wie ich es in Erinnerung hatte, und ich konnte nicht aufhören, weil Dakhoun es alles kennenlernen musste, alles auf einmal. »Und da drüben, da hatten wir die große Matschklumpenschlacht mit den Söhnen vom Schmied, als sie herkamen, um ihre

Verwandten zu besuchen, und Mutter war so böse auf mich … Und wenn du *ganz* weit da rüberguckst – dieser dunkle Schatten, das ist der Midwood, wo der Greif war …« Schnatterschnatter, genau wie ein Traumiger.

Bei alldem sah ich immer wieder verstohlen zu Jenia hinüber, denn wenn sie auch nicht meine Schwester war, war sie ja die wahre Tochter des Hauses, und doch hatte sie fast keine Kindheit gehabt, wie ich sie gehabt hatte, und ich fühlte mich deswegen traurig und schuldig, als hätte ich ihr das alles irgendwie gestohlen. Was natürlich keinen Sinn ergibt, aber was ergibt schon noch Sinn? Sie guckte nach allen Seiten, betrachtete alles – die ganze Wiese voller Frühlingslämmer, die ich auch noch nicht kannte, die müde aussehenden Krähen, die eine weitere lärmende Brut aufzogen, die Hangweide, auf die wir die Schafe im Winter immer trieben, außer in dem einen schlimmen Winter, als die Wölfe aus dem Norden heruntergekommen waren. Und ich wollte ihr ja alles über mein Zuhause – unser Zuhause – erzählen, so wie ich es gerade Dakhoun erzählte, nur dass Dakhoun keine Zeit hatte, es alles zu erfahren. Also beeilte ich mich – natürlich. Natürlich beeilte ich mich.

In den letzten Tagen war sie äußerlich endgültig sie selbst geworden. Sie hatte ihre menschliche Verkleidung fast ganz abgelegt: nicht wie eine Schlange, die ihre Haut abstreift, sondern mehr wie ein Tier, das sich während des Winterschlafs völlig verändert und im Frühling als ein ganz anderes Tier zum Vorschein kommt. Wie ein Schmetterling. Wie meine Freundin. Meine Dakhoun.

Die Augen waren wie immer, sahen, was sie sahen, und sagten nicht viel darüber. Aber ansonsten … ansonsten, na ja, wenn man sie nicht kannte, hätte man sie nicht als irgendwas anderes wahrgenommen als das, was sie war. Der verschlissene alte Bauernkittel, den sie immer noch trug, hatte etwas Albernes, fast schon wie ein Spaßmacherkostüm, denn sie war in ihrer Steinhaut so viel schöner als jedes Wesen, das ich je gesehen hatte und jemals sehen werde.

Sie bewegte sich wie Sommerwasser in der Sonne, und sie wusste, wohin sie ging, und sie war genau da, wo sie sein sollte, neben mir. Als ich nach ihrer Hand griff, schabte die alte raue Traurigkeit ihrer Finger über meine, und ich hielt sie mit aller Kraft, die ich hatte.

Und sie starb dennoch. Sie wandte sich mir zu, ein ganz klein wenig Überraschung in ihrem wunderschönen Steingesicht, und sagte: *»Siehst du … ich habe doch gesagt, ich bringe dich nach Hause, Sooz.«* Und so war's, und sie hatte es getan, und meine Mutter und mein Vater kamen, und wie klein das Haus tatsächlich war, wenn man es nach all der Zeit sah, und sie rannten und stolperten beide, und Dakhoun flüsterte: »Geh jetzt nach Hause, Sooz«, und ließ meine Hand los.

Sie war so schwer zuletzt. Als sie fiel, erschütterte das Geräusch die Welt.

Ich glaube nicht, dass jemand den kleinen dunklen Mann bemerkte, als er jetzt neben dem Leichnam stand. Er hinderte mich nicht daran, ihr die Augen zu schließen, und er machte nicht sein spöttisches Gesicht, als ich ihr Gesicht streichelte und sie unbeholfen auf die Stirn küsste. Und als sie sich erhob, ihr Geist, so magisch, so leise, bemerkte es niemand außer mir. Na ja, *er* natürlich, aber er wartete, bis ich fertig war.

Vieles ist mir entgangen, wie immer, weil ich so heftig blinzelte. Ich weiß noch, dass mein Vater Jenia umschlungen hielt, als könnte auch sie jeden Augenblick sterben, und meine Mutter mit mir an Dakhouns Leichnam kniete und selbst furchtbar weinte, vor Trauer und schierer Dankbarkeit. Ich weiß nicht mehr, was sie sagte, außer: »Egal, was du bist, du bist mein Kind. Hörst du?«

Dann schloss sie mich in die Arme. Ich blickte über ihre Schulter und sah den kleinen dunklen Mann, schon so weit den Weg hinunter, und bei ihm Dakhoun, die immer noch zurückblickte. Und ich strebte innerlich zu ihr hin und sagte ihr, was ich ihr sagte … und dann kamen irgendwoher diese seltsamen anderen Worte, *»Sonnenschein auf deinem Weg«*. Ich sagte auch das, und sie lächelte mich an, ja …

Dann waren sie beide verschwunden, doch einen weiteren Moment lang, das weiß ich, sah ich die Königin der Traumigen allein auf demselben Weg stehen und auf diese seltsam verlorene Art auf Jenia blicken, die es nicht sah, weil mein Vater sie so fest an sich drückte. Dann war auch sie verschwunden, sie alle waren verschwunden, und schließlich gingen wir alle zusammen nach Hause.

Aber ich erzählte Jenia an diesem Abend von der Königin der Traumigen, weil das das Wichtige ist. Weil du die nicht vergessen kannst, die dich immer verändern, die, die dich nie vergessen werden, auch wenn du über dich selbst hinauswollen und sie vergessen solltest. Die dich nie hergeben. Was sie auch sind, wo sie auch sind, wer sie auch sind. Oh, wer auch immer.

Dank

Ich habe eine ganz passable Anzahl durchaus annehmbarer Kumpels, aber nur sehr wenige lebenslange Freundschaften. Freundinnen und Freunde, das sind für mich diejenigen, die man um zwei Uhr morgens anruft, wenn man auf der Stelle wissen muss, dass da wenigstens jemand ist, der einen ganz genau kennt und trotzdem gernhat. Auf dieser Shortlist stehen …

KATHLEEN HUNT, meine Anwältin und liebe, geschätzte Freundin und mein unerschütterliches, ewig tröstliches Bollwerk gegen meine ebenso ewige mitternächtliche Angst, dass, was auch immer es ist, was ich mache, ich nicht mehr weiß, wie ich es immer gemacht habe …

DEBORAH GRABIEN, die immer so aufreizend recht hatte und hat, das richtige Wort, den richtigen Ausdruck, die richtige Beschreibung oder Handlungswende oder die richtige Figur an der richtigen Stelle betreffend, auch dann, wenn ich wünschte, sie hätte nicht recht …

JESSICA WADE, meine Lektorin bei *Der Weg nach Hause,* die viel zu jung ist, um so klug und weise zu sein, wie sie ist …

Und HOWARD MORHAIM, mein Literaturagent und ein spätes Wunder meiner alten Tage. Howard schafft es zu meinem Erstaunen und meiner Verwunderung, Dinge getan zu bekommen und die tollsten Deals abzuschließen. Wenn sich herausstellen sollte, dass er einen Deal mit dem Teufel gemacht hat, muss ich ihn da einfach herauskaufen. Ich vertraue darauf, dass er dasselbe für mich tun würde.